meditazioni
208

ANSELM GRÜN

AUGURI PER UN FELICE MATRIMONIO

Testi scelti
a cura di GIANNI FRANCESCONI

seconda edizione

Queriniana

via E. Ferri, 75 – 25123 Brescia (Italia/UE)
tel. 030 2306925 – fax 030 2306932
internet: www.queriniana.it
e-mail: info@queriniana.it

ISBN 978-88-399-2288-5

Stampato dalla Tipolitografia Queriniana - Brescia

«L'amore... è dono di Dio agli esseri umani,
è espressione
della benedizione di Dio nella creazione.
L'amore, una persona lo trova semplicemente.
Le è dato. Lo sperimenta,
che lo voglia oppure no.
La può far ammalare o affascinare.
È come cenere ardente che arde in lei.
È come una corrente che la trascina con sé»
(A. Grün).

Che cosa si può augurare a due sposi per il loro matrimonio, se non questo?

Che il loro incontro li renda felici, che insieme siano una benedizione anche per tutti quelli che incontreranno nella loro vita.

Questa raccolta di testi dalle opere di Anselm Grün vuole essere un modo per augurare un matrimonio riuscito.

Essa è divisa in tre parti: la *ricerca*, la *festa*, la *vita*.

Sono suggerimenti di un cristiano per vivere "in pienezza", in libertà e consapevolezza l'amore nel matrimonio.

La ricerca

1.

Il mistero del cuore

Una delle frasi più famose di Antoine de Saint-Exupéry, che continua a colpire molte persone, si trova in *Il piccolo principe*, la sua parabola sulla ricerca della felicità: «“Addio”, disse la volpe. “Ecco il mio segreto. È molto semplice: non si vede bene che con il cuore. L’essenziale è invisibile agli occhi”». [...]

Il cuore vede bene. E vedendo bene scopre la bontà nell’altro. Chi guarda gli altri con gli occhiali scuri, percepirà solo l’oscurità dentro di loro. Trascurerà di vedere quanto vi è di chiaro e luminoso, di buono e mite. Solo se guardo il mio prossimo con il cuore gli rendo giustizia. Ma la condizione necessaria è che il mio cuore sia buono, che io non consenta ai pensieri distruttivi di penetrare nel mio cuore. Colui il cui cuore è un covo di assassini non può nemmeno vedere bene e riconoscere la bontà negli altri.

L'essenziale è invisibile agli occhi. Gli occhi vedono solo la superficie. Percepiscono come sono i tratti del volto dell'altro. Percepiscono la rabbia, l'insoddisfazione, la chiusura, la durezza, i crucci e la sofferenza. Il cuore vede più in profondità, vede dietro il volto di una persona, vede nel suo cuore. E dentro il cuore di ogni persona riconosce il desiderio profondo di essere buono, di essere in pace con se stesso e con il mondo, il desiderio di offrire al Signore se stessi e la propria vita malandata, per trovare in lui la salvezza e giungere all'armonia con se stessi. L'essenziale è invisibile nelle persone. Ma anche nel mondo.

L'arte di vivere consiste nel vedere con il cuore. Solo quando vedo con il cuore, incontro nel fiore la bellezza del suo creatore e nell'albero il mio desiderio di mettere solide radici in un terreno più profondo. Solo allora provo, addirittura guardando un albero, il desiderio di crescere e fiorire nella forma a me destinata, in modo tale che gli altri trovino riparo alla mia ombra e conforto nella mia vicinanza.

Solo il cuore vede in ogni cosa le tracce della verità ultima e della consapevolezza che mi guarda dal volto di ogni persona e da ogni pietra e da ogni filo d'erba per dirmi: «Qualcuno ti ama. L'amore ti avvolge in tutto ciò che vedi».

«L'amore si può conservare solo regalandolo: la felicità che cerchiamo solo per noi stessi non si può trovare da nessuna parte, perché una felicità che diminuisce quando la condividiamo con gli altri non è grande abbastanza per renderci felici». Questo pensiero è stato formulato dal monaco più famoso del XX secolo, Thomas Merton.

Eppure incontro di continuo persone che vedono come loro compito più importante tracciare un confine tra sé e gli altri. Costoro hanno un timore inaudito di poter venire sfruttate, di pretendere troppo da se stesse con il loro impegno per gli altri. Ma chi mira solo, in modo tanto timoroso, al delimitare i propri confini, non sperimenterà mai l'amore di cui è capace. L'amore vuole fluire, e solo quando scorre posso percepirlo. Non posso conservare l'amore in un vaso sigillato, perché andrebbe rapidamente a male.

Certo, l'amore ha anche bisogno di confini. Perché noi non siamo Dio, non possiamo amare illimitatamente. Partecipiamo però dell'infinità dell'amore divino. Se il nostro amore sgorga dalla fonte dell'amore divino, allora si riversa fuori di noi senza che ci consumiamo per questo. In questo caso diventa addirittura più forte quando scorre da noi verso gli altri. Riceviamo qualcosa in cambio pur senza mirare a ciò. Chi ama solo per essere amato si sentirà presto esaurito. Chi invece si fida dell'amore che sgorga dentro di lui, riceve in dono qualcosa nel momento in cui lo regala agli altri.

Solo un amore che sgorga in questo modo rende l'uomo felice. La felicità che devo tenere stretta, che devo riservare per me solo, non è una felicità autentica. In accordo con tutti i saggi di questo mondo, Thomas Merton sa che una felicità che non può essere condivisa con gli altri è troppo piccola per renderci davvero felici. La felicità ha sempre bisogno anche di sconfinatezza e libertà interiori, di scorrere e fluire dalla vita e dall'amore. Ogni egoistico tentativo di trattenerla distrugge la felicità.

«*Chi ama la sua vita, la perde; e chi odia la sua vita in questo mondo, la conserverà per la vita eterna*». Questa frase si trova nel *vangelo di Giovanni* (12,25). Secondo essa, dobbiamo staccarci da noi stessi e dalle nostre idee sulla vita e allora ci si spalancherà un universo di nuove possibilità. Dobbiamo lasciare libero il nostro prossimo e allora sarà possibile una relazione autentica.

Se in una coppia uno si aggrappa all'altro, a lungo andare il rapporto si farà impossibile. Un rapporto di coppia può esistere solo se uno abbandona la presa sull'altro e lo lascia libero. Allentare del tutto la presa, ci dice anche la psicologia, è la premessa necessaria per una vita appagata.

(Da *Il libro dell'arte della vita*, 167-171)

2.

Ricerca dell'amore

Spesso molti desideri si insinuano nella ricerca dell'amore. Vi può essere il desiderio di essere accuditi, di non rimanere soli, di costruire una famiglia, di trovare un senso alla propria vita. Senza amore ci si sente soli, si ha paura del futuro, di invecchiare.

Non si tratta solamente dell'amore, ma anche della questione del proprio valore. Senza bambini alcuni si sentono inutili. In fondo, però, in ogni amore si tratta della questione se io valgo l'amore di un altro. Nell'amore il desiderio di essere unico per un'altra persona comporta che un altro ami soltanto me. L'esperienza della propria dignità dipende dall'esperienza di un amore che mi ama nella mia specificità, nel quale io posso essere totalmente me stesso e nel quale scopro veramente quali capacità e possibilità ci sono in me.

I molti cantanti che cantano l'amore trattano in fondo sempre del desiderio di una relazione riuscita, di un amore che duri in eterno, che colmi tutti i desideri, un amore nel quale trovare riposo, capace di donare a ciascuno un'eterna felicità. Anche se i cantanti cantano questo amore in modo spesso molto ostentato, essi danno voce a quanto muove le persone nel loro intimo.

(Da *Abitare nella casa dell'amore*, 16-17)

3.

Il desiderio del vero amore

Quando di una persona diciamo che è tutta amore, non facciamo riferimento al suo grande amore per il coniuge, per il compagno o la compagna. Vi è anche un amore per tutta la realtà, per tutti gli esseri umani, per gli animali, per i fiori, per un'attività... È chiaro che amare è ben più che essere innamorato di un altro. Amore indica la dedizione benevola a tutto.

Una persona piena d'amore tratta se stessa amorevolmente, sfiora con tenerezza i fiori nella sua stanza, accarezza il cane che incontra, è capace di uno sguardo d'amore per il paesaggio. Emana calore ed amore che fanno bene a chiunque la avvicini. Il suo amore non è simulato ad arte. Non deve estorcerlo alla propria aggressività. È piena di comprensione per le persone del proprio ambiente. Reagisce in modo misericordioso e mite e rinuncia a duri giudizi. [...]

Lo staretz Sosima, descritto da Dostoevskij nel suo libro *I fratelli Karamazov*, è stato chiaramente una persona dall'atteggiamento pieno di amore. Di lui tramanda queste parole come suo testamento: «Fratelli! Non temete i peccati umani, amate il prossimo anche nel suo peccato, poiché ciò è pari all'amore di Dio e supera l'amore terreno. Amate l'intera creazione di Dio, l'intero mondo e ogni granello di sabbia sulla terra! Abbiate cari ogni fogliolina, ogni raggio di luce di Dio! Amate gli animali, amate le piante, amate ogni cosa! Se amerai ogni cosa allora scoprirai nelle cose anche il mistero di Dio! Si schiuderà veramente per te e allora riuscirai a conoscerlo ininterrottamente giorno dopo giorno! Alla fine, allora, riuscirai a conquistare con l'amore l'intero mondo nella sua unità, con un amore che abbraccia la totalità del mondo!».

Per Dostoevskij l'amore racchiude sempre la totalità. È indirizzato al tutto, mai solamente a una singola persona. L'amore scopre in tutto il mistero di Dio, in ogni volto umano, ma anche in ogni granello di polvere, in ogni filo d'erba. [...] Per Dostoevskij il mistero dell'amore umano si trova in questa capacità di vero amore... L'inferno, secondo il poeta russo, consiste nel «dolore di non riuscire più ad amare». Chi, invece, incontra una persona che ama veramente sperimenta la propria libertà dall'autodisprezzo.

(Da *Abitare nella casa dell'amore*, 19-25)

4.

Aprirsi agli altri

Sento continuamente ripetere questa lamentela: non riesco ad avere fiducia negli altri. Sono molto diffidente. Spesso le persone hanno conosciuto delle delusioni. [...] E così sono spesso infelici da morire.

Non ho una soluzione per questo problema. [...] Io devo avere un buon sostegno in me stesso. Allora riesco anche ad aprirmi all'altro. Questa disponibilità ad abbandonarmi all'altro è sempre un rischio. Ma non si tratta di tutto o niente. Quando mi abbandono all'altro, sento se cresce la fiducia e nasce in me la sicurezza che questa donna o quest'uomo siano degni di fiducia. [...]

Ma anche nell'amicizia devo sempre fare attenzione ai due poli: è importante che io abbia fiducia in me stesso, che mi affidi ai miei sentimenti, che prenda sul serio le mie esperienze.

E al tempo stesso è però anche importante che mi immedesimi nell'altro e mi immagini come sarà la vita che condivido con lui. Se di fronte a questa raffigurazione cado nel panico, devo confrontarmi con la mia paura.

La paura è un segnale che mi devo staccare? Oppure essa mi sollecita a fare un passo indietro nelle esagerate aspettative che attribuisco all'amicizia? In ogni relazione abbiamo qualcosa da imparare. Non possiamo aspettare fin tanto che troviamo la relazione perfetta in tutto e per tutto. Non la troveremo mai. Dobbiamo accomiatarci dal nostro perfezionismo, dai sogni di sicurezza e da un pensiero che procede seguendo la categoria del 'tutto o niente'. Allora può crescere la fiducia. E noi sperimenteremo quanto questa fiducia sia produttiva per il futuro.

G*li amici sono la nostra patria.* Nell'anonimità del nostro tempo c'è proprio bisogno di luoghi di patria. Essi non sono determinati solo geograficamente. Questi luoghi di familiarità sono quelli dove riesco a essere a casa. E quindi sono là dove ci sono amici. Dove si vive e si sperimenta un'amicizia, nasce una patria.

Un'autentica amicizia si distingue per due cose, per un legame intimo, ma anche per una libertà interiore. Non sono che due aspetti della fiducia reciproca. In mezzo agli amici posso dire quello che sento senza dover calcolare ogni cosa. Qui sono libero di seguire la strada che ritengo giusta. Non ho bisogno di avere falsi riguardi per l'amico. Posso respirare liberamente in questo ambiente. E anche all'amico concedo lo spazio libero di cui ha bisogno per la sua vita.

L'amico sente benissimo che cosa mi muove nell'intimo. Mi ascolta attentamente per scoprire quale è la melodia profonda della mia vita, sente dove e come la mia vita ha delle vibrazioni e delle particolari sfumature. Egli mi riflette e mi ricorda ciò che sono nel profondo di me stesso. Il suo compito quindi va oltre la comprensione e oltre la vicinanza. Egli ascolta piuttosto in sé la melodia del mio cuore, per farla poi risuonare quando essa tace dentro di me. [...]

Il valore dell'affidabilità. Ogni giorno sperimentiamo che spesso non possiamo abbandonarci agli esseri umani. Uno ci ha giurato fedeltà, eppure ci abbandona. Un altro sembra avere una buona condotta e sembra sostenere opinioni convincenti, ma poi è coinvolto in scandali. I politici si muovono a seconda di come tira il vento. In questa situazione è importante reagire, non però cinicamente, ironicamente o persino con la rassegnazione. Esistono sempre anche persone alle quali ci possiamo veramente abbandonare, persone che non promettono troppo, che sono oneste e fedeli. E c'è un ultimo fondamento solido della mia vita, al quale posso abbandonarmi: io so con sicurezza che Dio non mi abbandonerà. Dio non mi abbandona neppure quando io abbandono me stesso perché non mi sopporto più. [...]

L'esperienza mostra che nessun essere umano riesce a vivere senza fiducia. Anche quando si è stati ripetutamente delusi da altri, si desiderano e si cercano persone in cui avere fiducia. Si ha dentro la sensazione che la fiducia è indispensabile per avere veramente in questo mondo una posizione ferma. E se gli uomini continuano a deluderci, si cerca un altro sostegno. Normalmente anche la fiducia in Dio ha bisogno dell'esperienza della fiducia umana.

Esiste però anche l'esperienza che una mancanza di fiducia umana ci porta a riporre la nostra fiducia in Dio. Quanto meno ognuno ha dentro di sé il desiderio profondo di poter avere fiducia in qualcuno. E in questo profondo desiderio di fiducia c'è già il germe della fiducia in noi. Si tratta quindi di acquistare fiducia, di trasmettere fiducia e di rafforzarla. In questo mondo del continuo mutamento noi dovremmo diventare dei garanti di sicurezza per altri. Questo renderà il mondo più sensato e migliore.

(Da *Fiducia*, 54-63)

5.

L'amore è dono di Dio

L'amore... è dono di Dio agli esseri umani, è espressione della benedizione di Dio nella creazione. L'amore, una persona lo trova semplicemente. Le è dato. Lo sperimenta, che lo voglia oppure no. La può far ammalare o affascinare. È come cenere ardente che arde in lei. È come una corrente che la trascina con sé.

L'amore non si esaurisce nell'amore tra uomo e donna, vi è anche l'amore per i bambini, l'amore per tutti gli esseri umani, l'amore per la natura, l'amore come atteggiamento di fondo e comportamento che determina tutto il nostro pensare e agire, e l'amore tra Dio e l'essere umano.

Nella Bibbia vi sono due cantici d'amore: nell'Antico Testamento una raccolta di canti erotici e nella *prima lettera ai Corinzi* la descrizione dell'amore fatta dall'apostolo Paolo.

Il *Cantico dei Cantici* è una raccolta di canti erotici che celebrano il mistero dell'amore tra uomo e donna con immagini ineguagliate. Ha visto la luce nel secolo IV o III prima di Cristo, nel contesto della letteratura sapienziale giudaica. Forse ne fu occasione un confronto interno al giudaismo sul senso dell'amore erotico-sessuale. [...]

L'amore sessuale ed erotico appare qui come un dono di Dio alle persone umane, un dono che l'essere umano può godere pienamente. Lo incanta. È una forza superiore, che è data già con la creazione. L'essere umano non deve impararla. Essa gli si impone semplicemente. È una tensione misteriosa tra l'amato e l'amata. I canti erotici del *Cantico dei Cantici* esprimono il desiderio dell'unione, la gioia dello stare insieme e il dolore della separazione. [...] L'amata sembra una dea, inavvicinabile e nello stesso tempo attraente. L'amato si consuma dal desiderio per lei:

> Tu mi hai rapito il cuore, sorella mia, sposa, tu mi hai rapito il cuore con un solo tuo sguardo, con una perla sola della tua collana. Quanto sono soavi le tue carezze, sorella mia, sposa, quanto più deliziose del vino le tue carezze (Ct 4,9s.).

L'amato non riesce a resistere allo sguardo della sua sposa. Dal suo sguardo d'amore proviene una forza quasi divina. [...]

Non si può dire niente di più bello sull'amore di quanto è espresso nei meravigliosi canti di questo libro dell'Antico Testamento. Senza paura e senza timidezza, senza limitazioni morali vi si canta il miracolo dell'amore, che incanta quelli che si amano e dona loro intima bellezza. L'amore è sempre qualcosa di divino. [...]

Che l'uomo possa amare la donna e la donna l'uomo, è il dono più grande che Dio ha fatto all'essere umano: «Se uno desse tutte le ricchezze della sua casa in cambio dell'amore, non ne avrebbe che dispregio» (Ct 8,7). Uomo e donna possono gustare l'amore che Dio ha dato loro come il dono più grande e nessuno deve in questo recar loro disturbo: «Non destate, non scuotete dal sonno l'amata, finché essa non lo voglia» (Ct 2,7). [...]

Quando Paolo nel cap. 13 della *prima lettera ai Corinzi* intona un *inno all'amore*, si colloca in una lunga tradizione. [...] Paolo mostra quale qualità ha l'amore e come riesca a plasmare in modo concreto la nostra vita.

L'amore è una forza che lo Spirito Santo risveglia nel cuore umano, o con l'esperienza di essere amati da altri o con un'esperienza spirituale dell'amore di Dio. Si può designare l'amore sia come sentimento che come atto della volontà. Sembra essere una forza indipendente, che opera nel cuore umano e tocca tutte le sue relazioni: la relazione verso il prossimo, verso Dio, verso la creazione, verso le realtà della propria vita e verso se stessi. L'amore plasma il proprio pensare, il proprio sentire, il proprio volere e il proprio agire. Rende possibile una nuova qualità di vita, una nuova autopercezione. Trasforma la persona e le conferisce un proprio splendore. Anche se si riflette tanto sull'amore, alla fin fine non lo si riesce ad afferrare e a comprendere. Lo si può descrivere solamente nei suoi effetti:

L'amore è paziente, è benigno l'amore;
non è invidioso l'amore, non si vanta,
non si gonfia;
non manca di rispetto,
non cerca il suo interesse,
non si adira,
non tiene conto del male ricevuto,
non gode dell'ingiustizia,
ma si compiace della verità.

Tutto copre, tutto crede, tutto spera,
tutto sopporta.
L'amore non avrà mai fine (*1 Cor* 13,4-8).

L'amore è paziente, ha pazienza, ha un cuore grande e ampio. Può aspettare. Non è gretto. Rimane aperto all'altro, ma questo cuore ampio, 'magnanimo', non riguarda solamente il comportamento con altri. Quando ho un cuore grande, allora io mi sento diverso. Sono libero, aperto. La vita può scorrere in me. Non mi fisso mai sul negativo che percepisco in me o negli altri. Il cuore ampio è il contrario di 'meschino', di gretto, di incaponito. Si capisce da tutto l'essere di una persona se ha un cuore ampio o un animo piccolo, uno spirito gretto.

L'amore è benigno. La parola greca indica che l'amore si comporta in modo buono, giusto, onesto, indica che è salutare, che fa bene agli altri e porta loro salvezza. Una persona che è piena di amore fa bene agli altri. Ha un influsso sanante. Si sta volentieri in sua presenza. Vede il bene nell'altro e lo trae fuori. Poiché crede nella bontà che c'è nella persona, si comporta in modo buono anche con lei.

L'amore non è invidioso. La parola greca che indica l'invidia deriva dall'idea che uno brucia dentro, che va in bestia ed è scosso violentemente da questa passione. L'amore ha una qualità diversa. Emana calma ed indipendenza dall'altro. Non si irrigidisce nell'invidia per incatenare l'altro, ma lo lascia libero. [...] Chi sente in sé l'amore, è libero. Non si paragona all'altro. È contento di sé. Il suo cuore non è lacerato dalle passioni. L'amore conduce la persona a se stessa, al proprio essere. Corrisponde al suo essere più profondo.

L'amore non si gonfia. Non ha necessità di darsi delle arie, di gonfiarsi, di essere pieno di sé. Nell'amore io sono semplicemente me stesso. Mi mostro come sono. Non ho niente da nascondere. Non mi devo vantare di qualsivoglia prestazione, sono soddisfatto di me stesso, poiché io sento in me il sapore dell'amore. L'amore rende la vita degna di essere vissuta. Non ho bisogno di conferma o riconoscimento. L'amore non agisce in modo insolente, in modo volgare. Non è amorfo ed odioso. L'amore corrisponde piuttosto all'essere della persona e la rende bella. Le dona quella forma che le è adatta. Solamente chi ama è veramente una persona umana...

L'amore non guarda al proprio interesse, non cerca il proprio tornaconto. Non ruota attorno a sé. Non deve affermare se stesso, poiché semplicemente esiste. Non usa l'altro a proprio vantaggio, ma serve l'altro. Non aspetta la felicità dall'altro, ma vuole renderlo felice. Non opprime l'altro per ottenere piacere sessuale, ma vuole essere una cosa sola con lui. L'amore è libero dalle continue fissazioni su stesso, che corrispondono alla paura di rimetterci. Chi è pieno d'amore ne ha abbastanza, non deve avere sempre di più. [...]

L'amore non rende arrabbiati, aspri, non diventa una passione troppo piena di irritazione, come un attacco di febbre. Non rumina dentro di sé nel rancore. Piuttosto ha la qualità della calma e della forza, del calore e della chiarezza. Ha il coraggio di dire all'altro che ha ferito qualcuno, che si è arrabbiato con lui. Chiarisce le incomprensioni. Prende atto delle aggressioni che in ogni amore insorgono di continuo e ci proteggono dall'affondare in una falsa armonia. La parola greca che indica la rabbia deriva dal concetto di 'inopportuno', 'affrettato', 'violento'. L'amore reagisce in maniera adeguata. È nell'attimo. Parole offensive non riescono a scacciarlo dal momento presente. Non è suscettibile. Chi è suscettibile è sempre strappato via dall'attimo. Le parole offensive fanno apparire in lui quanta rabbia e scontentezza ha ammassato sotto pelle.

L'amore non serba rancore per il male. Non ne tiene conto. Non lo calcola. Nella relazione reciproca noi spesso ci mettiamo a calcolare a vicenda quanto l'altro ci ha fatto. Gliela facciamo pagare cara. Crediamo che una buona relazione si basi sul pareggio. Se l'altro mi ha ferito, io lo ferisco. Con questo, però, non si ottiene un pareggio, ma un continuo calcolare, un circolo vizioso di ferite reciproche, che mai finisce. Solamente chi è gretto calcola e continua a fare i conti. Chi si è addentrato molto nell'amore non ha più bisogno di tener conto del male. L'amore vince il male, invece di accrescerlo tenendone conto. L'amore non gioisce per l'ingiustizia, per la ferita, ma gioisce per la verità. Gioisce quando l'altro vale per come è realmente. Non lo vuole svalorizzare con le ferite e metterlo così dalla parte del torto. [...]

Piuttosto l'amore è visto come forza assoluta, come dono di Dio, che si ripercuote su tutto il nostro comportamento.

(Da *Abitare nella casa dell'amore*, 145-162)

6.

L'amore di Dio come condizione di possibilità dell'amore umano

La relazione tra amore umano e amore divino [...] riguarda anche la questione di come l'amore tra due persone umane possa aver successo. Nell'amore tra uomo e donna, tra due amici o amiche, noi siamo sempre inclini a possedere l'altro totalmente per noi. Spesso inconsciamente attendiamo dall'altro amore assoluto e sicurezza assoluta. L'assoluto, però, nessuna persona umana potrà darlo.

Con le nostre aspettative di assoluto noi esigiamo troppo dall'altro e abbastanza spesso ne restiamo delusi. Nel matrimonio o nella relazione tra amici arriviamo sempre al limite. Nonostante la vicinanza sentiamo la distanza. Nonostante la comprensione viene a galla il sentimento di estraneità. Alcuni reagiscono all'esperienza di delusione rivolgendo le loro aspettative ad un altro *partner*, che sembra colmare i loro desideri, ma dopo poco tempo cozzeranno di nuovo nei limiti.

L'amore umano può arrivare a buon fine solamente se io non lo comprendo in senso assoluto, ma come mediazione dell'amore divino, e se dalle delusioni mi faccio continuamente sospingere verso Dio. Le delusioni sono parte essenziale dell'amore. Esse rimuovono l'inganno nel quale cado di continuo, l'inganno che l'altro mi possa donare amore assoluto e sostegno assoluto. L'assoluto può essere solamente un dono di Dio.

Se vedo il fondamento della mia esistenza in un'altra persona, mi rendo dipendente da lei. Questo sentimento di dipendenza inconsciamente fa nascere in me aggressività. Infatti, profondamente vi è in noi anche il desiderio di libertà. La dipendenza è contro la nostra dignità. Se io mi sento vivo solamente quando l'altro mi ama, io perdo me stesso. Io devo vedere in Dio il fondamento sul quale costruisco la mia vita. Allora posso gustare l'amore del *partner* o dell'amico. Allora posso essere grato per l'appoggio che trovo in lui. Io so, però, che è solamente un appoggio condizionato, mai incondizionato. L'altro è mortale. Invecchierà e si ammalerà. Non può darmi alcuna garanzia per i suoi sentimenti, anche se mi giura tanta fedeltà. Le persone che si fissano solamente sull'altro diventano spesso pazze per la gelosia o per la paura di perdere l'altro.

L'amore di Dio, nel quale io colgo il mio più profondo fondamento, mi libera dall'angosciante avvinghiarmi all'altro e mi rende, così, possibile la riuscita dell'amore umano. Io non compiangerò me stesso perché mi sono ingannato a proposito dell'altro, ma nella delusione continuerò sempre a rivolgermi all'amore di Dio, che non è così fragile come l'amore umano, e che costituisce un solido fondamento sul quale allora posso costruire la casa del mio amore per una persona.

(Da *Abitare nella casa dell'amore*, 77-78)

7.

Abitare nella casa dell'amore

Il segno dell'amore crocifisso è il cuore aperto. Gesù apre il cuore, perché noi tutti vi possiamo entrare con il nostro desiderio di amore. Nel suo amore si lascia ferire per noi. Dal suo cuore aperto sgorga il sangue vivo del suo amore. Il suo amore non sta fermo, ma scorre per noi. Ci apre uno spazio nel quale possiamo vivere. Gesù comprende il proprio amore come una casa nella quale noi possiamo abitare, quando ci comanda: «Rimanete nel mio amore!» (*Gv* 15,9).

È un'immagine particolare per l'amore. L'amore non è solamente un sentimento che può anche scomparire. È uno spazio nel quale possiamo rimanere. Del resto, Gesù indica il presupposto per rimanere nell'amore: «Chi osserva i miei comandamenti, rimane nel mio amore» (*Gv* 15,10). Non possiamo gustarci l'amore di Dio da soli. Dobbiamo farlo fluire verso gli altri. Altrimenti esso si ferma e, allora, lo spazio dell'amore, nel quale si vive così bene, si dissolve.

L'amore di Gesù non prende, come troppo spesso fa il nostro, ma dona. È puro dono. Nella profondità del nostro cuore noi desideriamo un simile amore, che lascia liberi e si dona, che muore per noi e per noi scorre infinito. Di fronte al Cristo crocifisso noi sentiamo che siamo incapaci di vero amore. Il nostro amore è misto spesso al desiderio di avere per noi l'altro, di poterlo possedere. Vogliamo trattenerlo, perché non ci lasci mai più, e non ci accorgiamo che togliamo all'altro l'aria per respirare, gli rubiamo la possibilità di svilupparsi di più, di diventare veramente se stesso. Spesso vogliamo dare a chi amiamo la nostra forma e costringerlo nella struttura che sembra valida a noi. [...]

Quando, pregando sotto la croce, ho ammesso la mia incapacità ad amare veramente e ho guardato all'amore crocifisso di Cristo, una profonda pace si è impadronita di me. Ho sentito che nel più profondo del mio animo io desidero un amore simile. Ogni amore umano è sempre anche pieno di contrasti. Può affascinare, ma anche lacerare il cuore nel dolore. Può incantare, ma anche impadronirsi di noi, anzi renderci quasi posseduti. Ammira ed odia. Guarisce e nell'attimo successivo ferisce consapevolmente.

Ci sono molti modi infelici di amare. Ernesto Cardenal li ha descritti: «Ci sono alcuni che aspettano un amore che non arriva mai. Ci sono altri che soffrono per l'amarezza di un amore rifiutato. Ci sono amori proibiti, amori impossibili o amori perduti. Vi è anche l'insulsa tristezza di un amore soddisfatto, che, però, non riempie».

Io ho vissuto non solamente la fortuna dell'amore, ma abbastanza spesso anche la delusione, la ferita, la mia incapacità di amare veramente. Ho percepito dolorosamente il mio bisogno di un amore senza condizioni, di un amore nel quale potermi abbandonare pieno di fiducia.

Nell'amore di Cristo sulla croce ho sperimentato un po' di questo amore incondizionato nei miei confronti. Sento che lì sono accettato in tutto e per tutto. Non vi è niente che in me non sia toccato da questo amore di Cristo, ma ho pure notato che ho potuto comprendere correttamente questo amore solamente quando l'ho inteso come accettazione della mia concreta situazione.

(Da *Abitare nella casa dell'amore*, 47-50)

La festa

8.

Dire sì

È chiaro che l'unione matrimoniale è un'importante istituzione della vita sociale; non è soltanto una questione sentimentale, ma costituisce anche una ben precisa struttura atta ad aiutare gli sposi a vivere in modo corretto. Il patto nuziale, che è un atto pubblico, vuole chiaramente esprimere l'esigenza, da parte di due persone che si amano, di poter manifestare anche in pubblico il loro amore. E questo patto lega gli sposi l'uno all'altro.

Il bisogno di appartenenza – così dicono i sociologi – muove oggi le persone in modo molto più forte che nei tempi andati. Evidentemente, il senso di appartenenza dà alle persone sicurezza e sostegno. [...] Il matrimonio avrà una buona riuscita se i *partner* sono autentici, l'uno nei confronti dell'altro, e non recitano una parte. [...]

Con il matrimonio *si mette su casa* e si ha un luogo in cui risiedere stabilmente, una patria; ma perché il vivere come coniugi possa significare offrire una 'patria' a tutta la famiglia, ci vogliono i mezzi di sostentamento, cioè quanto è necessario per vivere.

E non si tratta soltanto di cose esteriori, ma anche di ben precisi atteggiamenti comportamentali. Per poter vivere bene insieme c'è bisogno di... buon senso, di indicazioni sagge. La casa che due persone 'mettono su' sposandosi, deve diventare una residenza stabile anche per altre persone. Dove le persone si vogliono bene, nasce uno spazio d'amore in cui anche altri hanno la certezza di essere amati e, quindi, si sentono a casa.

Le nozze sono una festa che incanta le persone e che fa penetrare nel loro quotidiano la promessa dell'amore di Dio. Dio stesso entra nella vita degli sposi con il suo amore, che è il suo più grande dono agli esseri umani. Chi festeggia le nozze esprime, in questo modo, il fatto che la sua vita è stata riempita dal mistero dell'amore divino e, di conseguenza, invita anche altri a prendere parte alla sua festa.

Se due persone non hanno più il coraggio di celebrare una festa così grande, questo la dice lunga sul loro stare insieme. Quanta poca fiducia devono avere in se stessi, per non sentire la necessità di far partecipi altri della loro festa! Quanto noioso dev'essere il loro amore, per non potersi più esprimere in un tempo sommamente alto, denso, solenne!

C*hi si sposa si affida all'altro*, pone la sua fiducia nell'altro e nella benedizione di Dio, confida in se stesso e ritiene il *partner* capace di essere fedele. Chi si sente capace di affidarsi all'altro nutre anche la speranza che la fedeltà che ne deriva diventi un saldo punto d'appoggio che gli dà sicurezza e su cui può contare.

Proprio come l'albero che cresce e diventa sempre più solido, così deve crescere anche quella fiducia che, di norma, all'inizio, non è ancora una cosa automatica. Celebrare uno sposalizio è far capire che la fiducia tanto nel proprio *partner* quanto nella benedizione di Dio è sufficientemente forte da consentire di legarsi all'altro per tutta la vita e di raggiungere stabilità e sicurezza. [...]

Dire 'sì'. Nelle partecipazioni di nozze capita di leggere che lo sposo e la sposa si scambiano il 'sì', pronunciano il fatidico 'sì'. In questa espressione si cela un significato profondo. Chi dice 'sì' all'altro, lo accetta, in tutto e per tutto. Questo però lo può fare solamente se dice 'sì' anche a se stesso, cioè se si accetta incondizionatamente. Quando due persone si accettano così come sono e dicono 'sì' a tutto quello che è presente nell'altro, allora si crea uno spazio in cui ognuno dei due si può trasformare sempre di più nell'immagine che Dio ha pensato per lui.

Il 'sì' dell'altro, a mio parere, è come una graffa che tiene insieme la molteplicità e la contraddittorietà presenti in me, dandomi stabilità e consentendomi di assumere quella forma che mi è congeniale. Quando due persone si dicono 'sì', si crea peraltro un 'circolo virtuoso' anche intorno a loro: accanto a due persone che si accettano senza riserve, pure gli altri si sentono approvati e accettati. Per questo motivo le nozze sono una festa dell'accettazione, una festa per esprimere la gioia di essere accettati da Dio senza condizioni e, quindi, di poterci accettare l'un l'altro.

In altre partecipazioni di nozze c'è scritto: N. e N. contraggono il *vincolo del matrimonio*. Essi cioè si legano l'uno all'altra. Questo legame reciproco, tuttavia, non deve diventare una catena, ma piuttosto è chiamato a tenere unito ciò che in noi minaccia costantemente di lacerarsi.

Ognuno di noi avverte in se stesso anche delle lacerazioni dovute a sentimenti contrastanti, a obblighi e impegni di diversa natura, e allora ha bisogno di un 'legame' che tenga unite realtà così diverse. La Bibbia dice che l'amore è un legame perfetto, in grado di dare unità alla persona. Legarsi a un *partner* significa amarlo di un amore incondizionato e anche nutrire la fiducia che questo legame faccia bene a entrambi e li vivifichi, sanando la scissione presente nel loro intimo.

(Da *Il matrimonio*, 6-11)

9.

Creati maschio e femmina

Nel *vangelo di Matteo* vengono fatte tre importanti affermazioni sull'essenza del matrimonio.

In primo luogo si tratta del presupposto e del *fondamento del matrimonio*: Dio ha creato il maschio e la femmina; quindi il matrimonio corrisponde alla volontà di Dio. L'uomo e la donna sono stati creati l'uno per l'altra e, insieme, nella loro reciproca corrispondenza, sono immagine di Dio. In questo modo il rapporto uomo-donna rispecchia, nella maniera più chiara, quel Dio che, nella sua essenza, è amore ed è – all'interno di se stesso – relazione.

La seconda affermazione fa riferimento alla buona riuscita del matrimonio: *Lasciare i genitori*. Affinché l'unione coniugale abbia una buona riuscita, l'uomo deve lasciare suo padre e sua madre.

Molti matrimoni naufragano perché il marito è rimasto ancora figlio di sua madre e perché, interiormente o esteriormente, non l'ha ancora abbandonata. Se le cose stanno così, egli non può dedicarsi completamente a sua moglie: continua a chiedere dei pareri a sua madre oppure fa perennemente dei confronti tra sua moglie e sua madre. In questo modo sua moglie non ha nessuna possibilità di essere se stessa, perché viene vista come rivale della madre, o come madre sostitutiva, e non certo come compagna.

La stessa cosa vale naturalmente per la moglie: se la moglie non ha lasciato il proprio padre, non sa essere una compagna per suo marito; se invece vive in simbiosi con la propria madre, l'uomo non sposa solo sua moglie, ma anche la madre di lei. Il matrimonio presuppone un abbandono, un distacco dalla dipendenza dai genitori e dai modelli di vita parentali.

La terza affermazione indica il fine del matrimonio: uomo e donna diventeranno «*una sola carne*». In questo essere una carne sola cessa la dualità. Nel matrimonio viene appagato il desiderio di unità. L'essere umano soffre del suo sentirsi dimidiato; molti miti, infatti, ruotano attorno al tema della spaccatura dell'essere umano, inizialmente unico, in uomo e donna, spaccatura che nel corso della storia ha portato alla continua lotta tra i due sessi. Per paura della donna, gli uomini l'hanno combattuta e umiliata e le donne, a loro volta, hanno sviluppato delle strategie per assoggettare gli uomini. Ma questa lotta porta con sé esclusivamente delle ferite e delle reciproche paure.

Lo scopo della polarità tra uomo e donna è la fecondazione reciproca e l'esperienza dell'unità, la cui forma più elevata è l'unione sessuale: in essa trova appagamento il desiderio di unità della persona umana. Il filosofo ebreo Walter Schubart ha sviluppato, con grande entusiasmo, questa affermazione della Bibbia: l'amore tra uomo e donna è «abbandono della solitudine e ritorno all'interezza divina». E continua: «Come nella conchiglia risuona la lontana, gigantesca forza del mare, così nel respiro dell'amata mormora tutta la natura. Tu devi essere salvato dalla tua solitudine, dice questo mormorio. Tu devi uscir fuori e andare incontro al tuo 'tu', incontro a colei che ti aiuterà ad arrivare a Dio. L'amore tra i due sessi, infine, porta l'uomo nelle braccia della divinità e cancella il trattino che separa l'io e il tu, l'io e il mondo, il mondo e la divinità».

Dall'affermazione di Gesù che l'uomo e la donna diventano una sola carne e che, quindi, sono testimoni dell'unità che esiste tra Dio e l'uomo, la teologia cattolica fa derivare la sua concezione del matrimonio come sacramento. Il matrimonio rimanda le persone a Dio, all'Uno: solo in lui gli essere umani possono fare esperienza della vera unità. «L'amante abbraccia, nell'amata, molto più del corpo; in lei abbraccia l'unità da cui tutto è, a sua volta, abbracciato. In questo modo, ella diventa la garanzia del fatto che alla base della creazione del mondo c'è una motivazione d'amore, e diventa per lui un aiuto per arrivare a Dio e, nello stesso tempo, si fa di Dio testimone».

Dato che, nell'unione sessuale, uomo e donna diventano una sola carne, il matrimonio è indissolubile: «*L'uomo non separi ciò che Dio ha unito*» (Mt 19,6). Questa affermazione di Gesù oggi fa paura a molti di coloro che si vorrebbero sposare, perché l'indissolubilità del matrimonio sembra ad essi qualcosa di assoluto. Chi si sposa promette infatti al *partner* di restare per sempre con lui, ma sa anche di non poter garantire questa eterna fedeltà, perché esiste il timore che la crescita dei due *partner* possa essere divergente oppure che vengano alla luce problemi psicologici, sconosciuti fino a quel momento, che rendono impossibile la vita insieme.

Per Gesù, l'indissolubilità del matrimonio corrisponde alla volontà originaria di Dio e anche all'essenza del rapporto sponsale tra uomo e donna. Ma Gesù sa anche che gli esseri umani non sempre sono in grado di corrispondere a questo ideale, perciò tiene conto anche delle eccezioni (come si legge in Mt 19,9). Non ci si può legare ad un'altra persona con la riserva di separarsi non appena subentrano delle difficoltà, ma chi desidera sposarsi deve anche sapere che non è tenuto a garantire la sua personale fedeltà: egli si può legare all'altro solo confidando nel fatto che Dio benedirà questo matrimonio e che Dio renderà capaci i due *partner* di mantenersi reciprocamente fedeli. Il matrimonio non nasce, appunto, dalla volontà umana, ma – in quanto sacramento – rimanda alla grazia di Dio; esclusivamente in forza di quest'ultima è possibile una convivenza duratura.

(Da *Il matrimonio*, 20-25)

10.

La benedizione e lo scambio degli anelli

Il sacerdote benedice gli anelli. L'anello, a forma di cerchio, è un simbolo antico. Proprio perché è rotondo, è simbolo della totalità della persona: esso vuole completare ciò che nell'essere umano è incompleto. Il cerchio si richiude su se stesso, ed è quindi simbolo dell'unità e della perfezione; non avendo né inizio né fine, è anche simbolo dell'eternità. Per questo motivo negli anelli nuziali è racchiusa la speranza che i due sposi raggiungano quell'unità che rende perfetti, e che il loro amore possa attingere all'eternità. L'anello è anche un segno di protezione contro le forze del male e deve proteggere gli sposi dai pericoli a cui è esposto l'amore. Gli anelli sono, inoltre, simbolo di unione, di fedeltà e di appartenenza a una comunità.

Questi anelli vengono benedetti. Poiché ai nostri giorni non molte persone sanno quale profondo significato si celi in essi, è opportuno che il sacerdote, prima o dopo la benedizione stessa, spieghi brevemente il significato delle fedi. In esse si devono riversare l'amore e la fedeltà di Dio; esse devono diventare, per gli sposi, un segno della loro reciproca appartenenza per sempre. Darà spiegazione del fatto che l'amore completa e rende intero ciò che negli sposi è incompleto; della loro volontà di essere fedeli l'uno all'altra; del loro legame reciproco; del fatto che il loro amore è al sicuro da tutto ciò che può minacciarlo. Portando la fede al dito essi testimoniano anche all'esterno la loro appartenenza reciproca: l'anello è un distintivo, portato da entrambi, dell'amore che essi testimoniano davanti al mondo.

Dopo che son stati benedetti, gli anelli vengono scambiati reciprocamente dagli sposi. Per primo è lo sposo a mettere l'anello al dito di lei, dicendo: «Ricevi questo anello, segno del mio amore e della mia fedeltà. Nel nome del Padre, del Figlio e dello Spirito Santo». Poi tocca alla sposa prendere l'anello dello sposo: dopo aver recitato a sua volta la formula prevista, glielo porge. È bene che si reciti la formula trinitaria, perché il Dio trinitario è in sé l'amore stesso. E, come il Dio trinitario rappresenta una circolarità di amore, così l'anello deve essere un segno che tra lo sposo, la sposa e Dio, l'amore deve circolare senza soluzione di continuità e senza che si possa separare nettamente l'amore divino dall'amore umano.

(Da *Il matrimonio*, 37s.)

11.

Il sacramento

La Chiesa celebra un *sacramento* del matrimonio e 'sacramento' significa, etimologicamente, 'mistero religioso', 'consacrazione', 'obbligo'. Il termine latino *sacrare* vuol dire 'consacrare', ossia dedicare alla divinità, rendere sacro, rendere assoluto e inviolabile, confermare, suggellare.

Quando la Chiesa considera il matrimonio un sacramento, intende affermare che il 'sì' che si scambiano gli sposi ha qualcosa a che fare con Dio. La Chiesa consacra il matrimonio e, attraverso questa consacrazione, lo rende santo e completo e lo pone sotto la benedizione di Dio. In questo modo dona agli sposi la speranza che il loro vincolo coniugale rimanga assoluto e inviolabile. [...] Con la benedizione di Dio deve trasformarsi in un cammino che rende entrambi gli sposi più aperti l'uno all'altro, più misericordiosi, più amorevoli.

Riferito al matrimonio '*sacramento*' significa che l'amore di Cristo, che ci ha amato fino alla morte, si riversa nell'amore degli sposi e lo trasforma. Sacramento del matrimonio vuol dire che Cristo salvaguarda e mantiene intatto l'amore tra gli sposi – amore che è sempre anche fragile e spesso minacciato da pretese di possesso, da proiezioni e da malintesi – e vuol dire anche che il matrimonio è, per la Chiesa, un importante luogo d'incontro con Cristo.

Nell'amore reciproco gli sposi possono intuire che cosa significhi, in concreto, l'amore di Cristo per loro. Nell'amore coniugale essi si addentrano sempre più nel mistero dell'amore di Cristo, amore che trova il suo compimento nel sacrificio della croce. Nel tentativo quotidiano di amarsi reciprocamente, gli sposi possono intuire il significato più profondo della frase di Gesù che dice: «*Non c'è amore più grande di questo: dare la vita per i propri amici*» (*Gv* 15,13). [...]

Se, dunque, il visibile fa da tramite all'invisibile, ciò significa anche che ciò che è visibile non è tutto, ma soltanto un'indicazione di ciò che è invisibile, cioè del divino. Questo modo di intendere il sacramento è di sollievo per gli sposi che, spesso, a causa delle loro immagini ideali, esigono troppo da se stessi.

Molti matrimoni finiscono male, infatti, perché ci si aspetta dal *partner* qualcosa di assoluto e di divino: amore assoluto, assoluta comprensione e assoluta fedeltà. Si tratta di pretese esorbitanti nei confronti del *partner*, dato che solo Dio può dare qualcosa di assoluto. Se io mi aspetto qualcosa di assoluto da una persona umana, vengo costantemente deluso, perché mi accorgo che l'amore del *partner* è sempre limitato (dai suoi malumori, dalle sue proiezioni e dalle ferite della sua storia personale): quindi, quello che il *partner* mi dà non è mai sufficiente.

Se io però considero l'amore del *partner* come un rimando all'amore di Dio, allora ne posso godere e gioire. Sono consapevole del fatto che questo amore è anche fragile, che forse il mio *partner* sarà condizionato, in prima battuta, più dalle sue ferite che dall'amore per me; so di non poter trattenere questo amore e di non poterne pretendere sempre di più; ma ne posso godere. In esso intuisco qualcosa dell'amore assoluto di Dio, amore che non viene mai meno ed è inesauribile. [...]

Se l'amore degli sposi rimanda a Dio, questo amore non annoia mai. Molti sposi soffrono del fatto che il loro amore diventa a tal punto routinario che il sentimento svanisce: una volta che si è conosciuto l'altro/a, l'amore non è più qualcosa di eccitante e non incanta più. Se l'amore umano, invece, rimanda di continuo al mistero dell'amore di Dio, esso non conosce fine. A un certo punto potrò anche conoscere il corpo del *partner*, ma se esso mi rimanda al mistero dell'amore di Dio e se, nello sguardo del *partner*, riesco a intuire lo sguardo amoroso di Dio, allora l'amore resta vivo perché partecipa dell'infinità e dell'eternità di Dio.

Sentirò quindi l'amore dell'altro/a sempre più come un dono immeritato, lo percepirò sempre come un mistero. In quell'amore mi è dato di sfiorare l'infinitezza del mistero stesso di Dio.

(Da *Il matrimonio*, 13-19)

12.

Scoprire la fonte dell'amore e della gioia

Una coppia ha scelto come letture per la celebrazione del matrimonio i due testi tratti, l'uno, dalla *lettera ai Filippesi* (*Fil* 4,4-9) e l'altro dal *vangelo di Giovanni* (*Gv* 15,9-17).

Io vorrei commentare i due testi, evidenziando la loro possibile funzione di guida per il matrimonio. In entrambi sono presenti i due concetti di amore e di gioia.

La vicinanza del partner. Paolo esorta i filippesi a rallegrarsi: la gioia, quindi, implica anche un atto decisionale. Ci sono già tante persone che non fanno altro che celebrare la loro frustrazione: con questo tipo di persone non è consentito essere di buon umore, perché per loro il buon umore è soltanto una facciata. Essi si fanno deprimere dalla loro tristezza e dalle loro frustrazioni: non vivono, ma si lasciano vivere. I coniugi devono sempre decidersi a favore dell'amore e della gioia: non si tratta certo di sentimenti che si possono semplicemente far nascere, ma, se ci si decide a favore di questi due atteggiamenti emotivi che esistono già nelle profondità del nostro animo, essi diventano più consistenti e condizionano anche il livello cosciente.

Paolo fornisce poi come motivo della gioia il fatto che «*il Signore è vicino*». La vicinanza del Signore può essere certo un motivo di gioia, ma lo è anche la vicinanza del *partner*: se sappiamo che il *partner* ci è profondamente vicino, anche se siamo lontani da lui nello spazio, allora possiamo gioire di questa vicinanza. Noi non siamo soli. L'amore supera ogni confine e, ovunque noi siamo, ci dona la presenza del *partner*.

Un altro motivo di gioia è la spensieratezza: «*Non angustiatevi per nulla*». Il termine greco definisce un preoccuparsi pieno di apprensione. L'apprensione ci priva della gioia e fa svanire l'amore. Se continuo a chiedermi se il *partner* mi pensa, se mi è fedele e se mi ama ancora, crescono in me dei sentimenti come la paura e la tristezza, l'inquietudine e la sfiducia. L'amore, invece, mi chiama ad aver fiducia nell'altro e mi riempie di gratitudine e di gioia.

La nostra verità. Paolo ci suggerisce un altro motivo per provare gioia e usa, a questo punto, delle parole che non compaiono mai, abitualmente, nelle sue lettere. Sono termini della filosofia stoica che, a quei tempi, in Grecia, andava per la maggiore: «*Sia oggetto dei vostri pensieri tutto ciò che è vero, nobile, giusto, puro, amabile, onorato, quello che è virtù e degno di lode!*» (*Fil* 4,8).

È chiaro che Paolo indirizza queste parole a quegli abitanti di Filippi che ritenevano di poter risolvere tutti i problemi con la preghiera a la devozione. Neppure il matrimonio si può basare esclusivamente sulla devozione: sono indispensabili anche i valori umani che Paolo qui elenca. E sono indispensabili anche chiare regole di comunicazione, affinché lo stare insieme sia possibile e piacevole.

La premessa per poter gioire l'uno dell'altra è *ciò che è vero*, l'esser veritieri. Questo significa palesare al *partner* la nostra personale verità e credere il *partner* capace di fare la stessa cosa. Non abbiamo bisogno di darla ad intendere al *partner*, perché tutto quello che c'è in noi ha diritto di esistere e il *partner* lo deve vedere: tutto ciò che gli tacciamo rivela una mancanza di vitalità in noi stessi e nel nostro rapporto e questo vale, in modo particolare, per le nostre debolezze. Soltanto se noi presentiamo al *partner* anche i nostri difetti e le nostre debolezze, può crescere un rapporto privo di paura e che dà spazio alla gioia.

La nostra dignità. Ciò che è *nobile* rimanda alla dignità umana. Nel nostro vivere insieme, in tutte le discussioni e i conflitti, è importante conoscere la propria dignità e rispettare la dignità divina del *partner*. Se uno non vede la propria dignità e il proprio valore, è come costretto a svalutare continuamente il *partner* per poter sopravvalutare se stesso. Ma questa non è certo una buona base di partenza per il vivere insieme. Solo chi conosce la propria dignità può gioire del nobile valore del *partner* ed è libero dalla necessità di un continuo confronto con lui.

Dobbiamo rispettare ciò che è *giusto*, quello che è corretto e che va bene per noi. Se io non presto ascolto a me stesso e alla mia armonia personale, anche il rapporto diventa disarmonico. Spesso non diamo ascolto al nostro sentire, solo per evitare un conflitto, allora, però, cresce in noi la disarmonia che è destinata a offuscare il rapporto. Dobbiamo pretendere, reciprocamente, quello che va bene ed è giusto per noi. Se stiamo bene con noi stessi, alla fin fine stiamo bene anche con il *partner*.

D*egno di amore*. Dobbiamo preoccuparci di ciò che è *puro*, autentico. Essere autentici significa essere trasparenti, essere chiari per il *partner*, non tacere nulla e non dare ad intendere nulla, ma mostrarsi come si è realmente. Essere autentici significa, anche, amare senza secondi fini e non servirsi del *partner* per ottenere qualcosa.

Dobbiamo inoltre fare attenzione a *ciò che è amabile* e *degno di lode*. In ognuno di noi ci sono tratti di amabilità a sufficienza, ma non possiamo amarci gli uni gli altri se non abbiamo la percezione di ciò che è degno di essere amato in noi stessi. [...] Io posso amare l'altro solo se confido nel fatto che, nell'altro e in me stesso, ci sono sufficienti caratteristiche degne d'amore. Abbiamo bisogno, quindi, di un paio di 'occhiali positivi' per scoprire, in noi e nell'altro, quanto vi è di amabile. [...]

L'*amore quotidiano*. Nel brano evangelico di *Gv* 15,9-17 Gesù parla ripetutamente di amore. La premessa della nostra capacità di amare è il fatto che è innanzitutto Gesù ad aver amato noi. Gli sposi non sono i primi ad amare: essi amano perché sono stati a loro volta amati dai loro genitori e dai loro fratelli e sorelle. Essi sono in grado di dare amore perché, *prima*, lo hanno ricevuto dai loro genitori e sono in grado di amare perché sono amati da Dio.

Noi restiamo nell'amore se osserviamo i comandamenti: l'amore, così come è inteso da Gesù, è molto concreto e dà prova di sé nell'affidabilità, nella puntualità e nella spontaneità con cui i coniugi organizzano la loro vita quotidiana. [...]

L'amore dev'essere concreto; diversamente è solo frutto d'immaginazione. C'è bisogno di un amore quotidiano che consenta di fare affidamento sull'altro e di dimostrare il proprio amore all'altro, semplicemente facendo quello che va fatto.

D*edizione*. Gesù indica anche un altro aspetto dell'amore e dice: «*Nessuno ha un amore più grande di questo: dare la vita per i propri amici*» (*Gv* 15,13).

Questa affermazione ci sembra eccessiva: 'darsi' e 'sacrificarsi' contraddice il nostro sforzo di vivere la vita in prima persona e di realizzarci. Ma non si tratta esattamente di immolare se stessi come vittima per l'altro. Ci sono molte persone sposate che si sentono delle vittime sacrificali, che si caricano di ogni responsabilità - anche per il *partner* - e soffrono al posto suo. Attorno a queste persone, però, non si crea un'atmosfera di salvezza, ma si diffonde piuttosto un senso di rimorso. Non si vive bene accanto ad una vittima sacrificale, perché si hanno continuamente dei sensi di colpa per il fatto che l'altro è costretto a soffrire tanto.

L'amore vero necessita di una dedizione incondizionata: è cioè il contrario del darsi con riserva o del farlo pretendendo delle garanzie. Il culmine di questa dedizione è la fusione con il *partner* che si realizza nell'atto sessuale. Ma quello che accade nella sfera della sessualità deve continuare ad agire nella vita di tutti i giorni come accettazione incondizionata del *partner* e come disponibilità a percorrere con lui qualsiasi cammino.

(Da *Il matrimonio*, 75-85)

13.

Costruire la casa del matrimonio su solide basi

Gesù conclude il discorso della montagna con queste parole: «*Chiunque ascolta le mie parole e agisce di conseguenza, è simile a un uomo saggio che ha costruito la sua casa sulla roccia*» (Mt 7, 24-27). La parola di Gesù, quindi, è la base salda sulla quale può essere costruita la casa del matrimonio. Ma per molti il riferimento alle parole di Gesù rimane troppo astratto.

Dal discorso della montagna io vorrei riprendere solo una frase che potrebbe fungere da base per la vita a due: «*Non giudicate, per non essere giudicati; perché col giudizio con cui giudicate sarete giudicati, e con la misura con cui misurate sarete misurati*» (Mt 7,1s.).

Per l'amore reciproco, il continuo valutare è un pericolo costante. Se il *partner* è di cattivo umore, io giudico subito questo fatto come una mancanza d'amore e gli rimprovero di guastare l'umore anche a me: «Ero così contenta di questa serata, e adesso tu fai quella faccia!». Con tali valutazioni, io esprimo un giudizio sul *partner* e stabilisco una norma alla quale egli si deve attenere. Non gli consento di essere come egli è e non gli permetto di star male una volta ogni tanto. Tali valutazioni portano il *partner* a sentirsi svalutato e ad avere l'impressione di non riuscire mai a fare la cosa giusta per l'altro.

Valutazioni e rimproveri di questo genere provocano o delle giustificazioni o delle controaccuse: o mi trovo costantemente nella necessità di dovermi giustificare e di dover spiegare perché mi sento come mi sento, oppure cerco di difendermi aggredendo il *partner* e svalutando il suo comportamento. Sono portato a pensare che, se il *partner* fosse un buon marito, dovrebbe avvertire quali sono i miei bisogni o, viceversa, se fosse una buona moglie, dovrebbe preoccuparsi che io stia bene. Valutazioni e rimproveri di questo tipo ci angustiano e ci trascinano verso il basso, perché ci danno la sensazione di non essere quello che dovremmo essere in quanto *partner*, e anche di non meritare di essere il marito o la moglie di una controparte così dotata.

L*e nostre debolezze come fondamenta.* La roccia su cui possiamo costruire la casa del matrimonio è la valutazione oggettiva della realtà. Non dobbiamo vedere il *partner* attraverso gli occhiali delle nostre valutazioni né, tanto meno, delle nostre proiezioni. Spesso non vediamo l'altro così com'è, ma come lo vorremmo vedere noi. Vediamo pure noi stessi in modo irrealistico e, di conseguenza, non riusciamo a vedere in che misura noi stessi non siamo all'altezza dei nostri ideali. Le fondamenta non sono rappresentate solo dalla nostra forza, ma anche dalle nostre debolezze, le quali, però, devono essere portate a un certo livello di consapevolezza: solo allora esse danno alla roccia la solidità necessaria perché sia in grado di reggere la casa comune.

Per un'obiettiva valutazione della nostra realtà, è indispensabile un sano senso dei nostri limiti: non dobbiamo esigere troppo da noi stessi, accampando pretese smisurate nei confronti del cammino insieme. Le persone devote, poi, proprio a causa dei loro ideali religiosi, corrono il pericolo di nutrire delle pretese troppo elevate e non si rendono affatto conto di non essere in grado di corrispondere a questi ideali. Gli ideali troppo ambiziosi sono una base fragile: la casa perde aderenza con il terreno, si trova come sospesa nell'aria e viene travolta da ogni più piccola tempesta. [...]

Una di queste illusioni è che il matrimonio renda sempre felici... Ma il matrimonio non è questo, quanto piuttosto un percorso lungo il quale ci si esercita durante tutta la vita. Se, su questo percorso, si è pronti a vivere in maniera sempre nuova lo stare insieme, si può sperimentare la felicità. E, anche se la felicità non si lascia trattenere, sono comunque i momenti felici che ci consentono di andare avanti.

Un'altra illusione è che, nel matrimonio, si debba avvertire sempre la vicinanza del *partner*; ma il cammino insieme riesce bene soltanto se il rapporto vicinanza-distanza è corretto. Il problema è che il bisogno di vicinanza o di distanza è spesso molto diverso e sfasato nei due *partner*: quando l'uno desidera la vicinanza, l'altro magari ha bisogno di distanza. Fare insieme attenzione a questa tensione e trovare una via percorribile per uscirne, è un'arte tutta da imparare.

Un'altra concezione neoromantica è quella secondo la quale si deve sempre provare amore, inteso obbligatoriamente come esperienza sempre intensa e concreta. Ma i sentimenti cambiano, e ci sono fasi della vita in cui l'amore si può esprimere soltanto nella fedeltà e nell'affidabilità nei confronti del *partner*. [...]

Gli sposi costruiscono la loro casa su un terreno solido soltanto se sono pronti a guardare, con occhi sempre nuovi, la propria realtà e quella del *partner* e ad accettarla così com'è. Fa parte di questa realtà il fatto che il cammino dovrà passare attraverso tempeste e maree. In questo cammino insieme incontreremo passioni tempestose, i nostri malumori, le nostre emozioni che ci sconvolgono, violente discussioni e violenti conflitti, e sperimenteremo l'affiorare di materiale inconscio che minaccia di travolgerci: a quel punto sarà importante lasciar affiorare i bisogni inconsci e osservarli insieme. Così facendo, essi non travolgeranno la casa, e quest'ultima diventerà una casa costruita sulla roccia, una casa contro la quale le onde si infrangono senza provocare danni. In questa casa troveranno rifugio anche le persone che stanno per essere travolte dalla massa delle acque: in essa si sentiranno a casa anche altre persone e lì faranno esperienza di una patria.

(Da *Il matrimonio*, 56-64)

14.

L'amore è un fondamento saldo

Si può 'essere a casa' solo dove abita il mistero. [...] Il mistero rimanda in definitiva a Dio. Dio è il mistero assoluto. È mistero ciò che supera il nostro normale pensiero, ciò che noi non riusciamo assolutamente a cogliere. E la presenza del mistero, la presenza di una realtà che supera la nostra, la presenza alla fine di Dio è il presupposto perché possa esserci patria.

Io sono a casa dove sono amato, dove non ho un ruolo da svolgere, dove mi è consentito essere come sono perché so di essere amato incondizionatamente. Anche quest'esperienza ha a che fare con un amore che è più grande della simpatia personale. Non mi devo guadagnare questo amore. Mi è donato. C'è e basta. Sono sostenuto da questo amore. La certezza che sono libero dall'urgenza di dover dar prova di me o di dovermi giustificare mi dà fiducia in me stesso. Posso essere semplice come sono. Non devo mettermi continuamente sotto pressione per avere successo con gli altri. Ogni uomo ha bisogno di quest'esperienza di essere amato incondizionatamente per sviluppare fiducia nella vita e per creare fiducia attorno a sé.

A*more significa fiducia.* La fiducia è relazione. C'è bisogno di relazioni piene di fiducia, c'è bisogno di esperienze di sicurezza e di sostegno per far fronte meglio alla nostra paura. In definitiva, è l'esperienza dell'amore che mi consente di non reagire con paura alle minacce che arrivano dall'esterno, ma di affrontarle con fiducia. Soltanto la fiducia fonda la speranza di poter superare da vincitori le sfide della vita. [...]

L'amore che scaccia la paura si riferisce sia all'amore come propria forza personale che mi compenetra, sia all'amore che mi viene da Dio e dall'uomo e all'amore che io provo nei confronti di Dio e dell'uomo. Chi si sente amato senza condizioni da Dio e dagli uomini non ha più paura di essere rifiutato, di essere abbandonato, di fallire. Neppure la morte gli fa più paura, se sa che la morte non può sottrargli quest'amore. L'amore è più forte della morte. E se uno ama profondamente una persona, non prova più paura. Ciononostante la paura continuerà naturalmente a bussare al suo cuore. Ha paura di perdere la persona che ama. Ha paura della malattia e della morte. Ma nel sentimento dell'amore non c'è paura. [...]

C*ome avvolti in un mantello.* «Credere è non sapere», amano dire i critici. Questa sarebbe una 'concezione tappabuchi' della fede, che ogni volta verrebbe dissolta da una più sicura conoscenza. Dio però è più di una mera ipotesi di lavoro. Se la fede si adattasse solamente a ciò che non sappiamo ancora, si reggerebbe su un basamento fragile. Dovrebbe infatti portare a continui combattimenti in ritirata, da fare ogni volta che il sapere conquista aree nuove.

La fede non è un 'opinare' arbitrario e non è contro il sapere. Non si limita a ciò che ancora non sappiamo. Piuttosto la fede abbraccia tutto il nostro sistema di sapere. È più del sapere. È la spiegazione di tutto ciò che è. È come un mantello che avvolge il sapere. È la fiducia che noi siamo nelle mani buone di Dio con tutta la nostra scienza e la nostra ignoranza, e che la nostra vita è avvolta dall'amore di Dio.

La fede esprime qualcosa di sotterraneo, ci dice cioè che Dio è dietro tutto ciò che le scienze naturali osservano e studiano. Non riusciamo a dimostrare Dio con gli strumenti delle scienze naturali. Possiamo però affermarlo. Dio non è un tappabuchi di quanto non è ancora stato indagato. Tra tutto quello che sappiamo e che sapremo, nella fede sappiamo di essere sorretti da Dio e di essere in relazione con lui in tutto ciò che diciamo e facciamo.

(Da *Fiducia*, 103-119)

15.

Benedizione e fecondità

La benedizione è uno dei temi centrali della Bibbia. Già al momento della creazione dell'essere umano Dio benedice Adamo ed Eva: «*Dio li benedisse e disse loro: "Siate fecondi e moltiplicatevi"*» (*Gen* 1,28). La benedizione qui è collegata alla fecondità, con la moltiplicazione e l'incremento della vita. L'intero creato è una benedizione di Dio da cima a fondo. Dio copre di doni l'essere umano e fa sì che la sua esistenza porti frutto. È in questo che consiste uno dei desideri primordiali dell'essere umano, che la sua esistenza non resti inutile e infeconda. Quando prospera, quando porta frutto nei figli o in un'opera, l'essere umano vede un senso nella propria esistenza. La benedizione è una promessa di Dio all'essere umano che la sua esistenza è sotto la protezione del Signore e partecipa della sua energia creativa, che si esprime e porta frutto nell'uomo.

Il grande cruccio dell'essere umano sta nel fatto che la sua vita gli appaia priva di significato e che rimanga senza frutto. Le coppie di sposi spesso soffrono per la mancanza di figli. Le persone non sposate hanno talvolta l'impressione di non lasciare nulla in questo mondo. Non possono presentare né figli, né una grande opera. È un desiderio primordiale che la vita porti frutto. Per raggiungere l'armonia con se stesso, l'essere umano ha bisogno della sensazione di generare qualcosa, di creare qualcosa che resta. Non devono per forza essere i figli o una grande opera visibile a tutti. Ognuno, però, ha bisogno della certezza di portare frutto con la propria esistenza, di lasciare in questo mondo un'impronta che può essere lasciata soltanto da lui.

Di una donna incinta diciamo che è fertile. Ciò che vale per lei, è anche una promessa a ciascuno di noi. Anche noi siamo fertili. Nel nostro corpo si esprime la benedizione di Dio. E attraverso il nostro corpo deve fluire benedizione in questo mondo, qualcosa che può prosperare e diventare visibile nel mondo esclusivamente attraverso di noi. Lo psicologo americano Erik Erikson la definisce generatività. È espressione di una persona matura. Parte integrante della buona riuscita dell'esistenza umana è il fatto che io crei qualcosa che mi sopravviva e vada oltre la mia persona. Quando vado al lavoro o vivo gli incontri con gli altri con la consapevolezza di essere fertile, lo farò confidando nel fatto che da me si sprigiona benedizione, che il mio lavoro diventa una benedizione per gli altri e che il dialogo o lo sguardo amorevole fa scaturire la vita nell'altra persona. In quanto benedetto posso essere sorgente di benedizione. Ciò conferisce alla mia esistenza un sapore nuovo, il sapore della benedizione e non quello amaro di quanto è sterile e privo di valore.

Ti auguro... che ti senta benedetto/a da Dio fin dalla nascita. Su di te c'è sin dall'inizio la benedizione di Dio, che ti dice: «È bene che tu esista. Sei benvenuto/a su questa terra. Vivi la tua vita e sii fecondo/a!». Ringrazia Dio per averti creato così come sei e per tutto ciò che ti ha già donato in questa vita. La gratitudine ti donerà un nuovo sapore, il sapore della vitalità e della gioia. [...]

Diventerai una benedizione, dice Dio ad Abramo. È la promessa più bella che possa essere fatta a una persona: essere una benedizione per gli altri, diventare sorgente di benedizione per gli altri. Talvolta diciamo a proposito di una persona che è una benedizione per la comunità, l'azienda, il paese. Di alcuni bambini si dice che sono una benedizione per la famiglia. Intendiamo con questo che quel bambino ha in sé qualcosa che fa bene agli altri. Forse ha un carattere solare. Oppure effonde pace intorno a sé. Oppure c'è in lui qualcosa di schietto e di puro di cui tutti gioiscono. Ogni comunità ha bisogno di persone che siano una benedizione per essa. Alla lunga, senza persone benedette una comunità non può sussistere.

Quando diciamo di un adulto che è una benedizione per la comunità, pensiamo anche all'influenza positiva che si sprigiona da lui. Da una persona del genere si effonde speranza per gli altri. La sua influenza riconcilia, non divide. E da questa persona partono nuove idee. Della sua inventiva, della sua creatività vivono anche un po' gli altri. Senza di lei la comunità si spaccherebbe. Una persona benedetta unisce le persone. Trasmette ad altri la benedizione che ha ricevuto.

Gli innamorati fanno l'esperienza che il loro amico o la loro amica diventa una benedizione per loro. Gli innamorati rifioriscono. Vicino al *partner* imparano ad accettare se stessi. Cresce una nuova fiducia in se stessi. Quanto è buio si rischiara, la disperazione sparisce. Lo sconforto se ne va. All'improvviso la vita riacquista fantasia e creatività. Si sviluppano nuove idee. Ciò che era pietrificato diventa vivo. [...]

Anche tu.... sei una benedizione per altre persone. Dio te ne ritiene capace. Non devi compiere imprese speciali per diventare una benedizione per gli altri. Basta che tu sia interamente te stesso/a. Così come sei, nella tua unicità, sei una benedizione per gli altri. Smetti di svalutarti, e sii grato/a del fatto che Dio ti ha eletto a sorgente di benedizione per gli altri.

(Da *Tu sei una benedizione*, 23-30)

16.

Parole di benedizione per te

Da sempre la benedizione viene espressa attraverso determinate formule e preghiere. Nell'ebraismo era popolare la cosiddetta benedizione aronitica... Dice: «*Ti benedica il Signore e ti protegga. Il Signore faccia brillare il suo volto su di te e ti sia propizio. Il Signore rivolga su di te il suo volto e ti conceda pace*» (Nm 6,24-26).

In questa formula di benedizione diventa chiaro qualcosa che vale per ogni benedizione. Nella benedizione Dio ci mostra il suo volto benevolo. È il Dio materno che si china amorevolmente proprio su di me. L'esperienza della benedizione è collegata all'esperienza di base del bambino, che guarda il viso benevolo e amorevole della madre che si china sulla culla. La vita del bambino riesce soltanto se fa regolarmente l'esperienza di questa dedizione amorevole della madre. Possiamo dire la stessa cosa della benedizione. La nostra vita riesce soltanto se possiamo regolarmente fare quest'esperienza: Dio mi mostra il suo volto benevolo. Sono tenuto in considerazione. Sono preso sul serio. Sono amato. Nella benedizione incontriamo il Dio materno. Quando recito una benedizione personale su qualcuno, essa dovrebbe dar voce a questa dedizione materna, a quest'atmosfera affettuosa di amore materno.

La benedizione è sempre dedizione personale. Guardo l'altro. Mi immedesimo in lui attraverso la meditazione, per sentire di che cosa abbia bisogno questa persona in particolare, quale sia il suo anelito più profondo. La benedizione non dev'essere una frase pia qualsiasi, staccata da quella persona in particolare, bensì una promessa e una dedizione personale, una riposta all'anelito più profondo e ai veri bisogni di quella persona. [...]

Quando benedici una persona, immedesimati in lei: quali sono i motivi delle sue azioni? Di che cosa ha bisogno? A che cosa anela? Che cosa voglio promettere in nome di Dio a questa persona in particolare? Molte persone conoscono quasi esclusivamente preghiere di supplica. [...] Invece della preghiera di supplica, però, puoi pronunciare tu stesso parole di benedizione su una situazione concreta.

Quando c'è un conflitto in famiglia, nella tua ditta, nel gruppo, sovrapponigli una benedizione. Essa ti aiuterà a vedere la situazione con occhi nuovi. E vedrai che l'atmosfera non sarà più segnata soltanto da equivoci e tensioni, ma dalla benedizione di Dio, che trasforma il clima intorno a te. Al mattino puoi benedire la giornata di oggi. Pronuncia la benedizione su tutto ciò che ti attende. Nella benedizione esprimi la tua fede che la giornata che stai per iniziare è avvolta dalla benedizione di Dio. Gli uffici, l'officina, il grande magazzino, il posto di lavoro, sono tutti avvolti dalla benedizione di Dio. Non vai in un posto segnato da emozioni negative, bensì in un posto su cui sta la benedizione di Dio. Ti muovi sotto la benedizione di Dio. Lavori sotto la benedizione di Dio. Incontri persone che sono piene della benedizione di Dio.

Alla sera, ripercorrendo la giornata e i tuoi incontri, puoi tornare a benedire ciò che è stato. Attraverso la benedizione tutto assume un volto nuovo. E ti sentirai diverso rispetto alla giornata trascorsa, pieno di gratitudine e di pace. E poi benedici anche la notte, affinché diventi una benedizione per te. Durante la notte, infatti, accadono cose essenziali per la nostra anima. I sogni possono turbarla o donarle nuova speranza. Possono colmare di luce il nostro cuore e mostrarci la strada per andare avanti. Prega Dio che anche la tua notte sia sotto la sua benedizione, e non soltanto la tua notte, bensì anche quella di tutti coloro che oggi non riescono a dormire, che piangono perché sono tristi e non sanno più che pesci pigliare.

(Da *Tu sei un a benedizione*, 91-95)

La vita

17.

Il labirinto della vita

La nostra vita non è mai una strada a senso unico. E sul sentiero della nostra vita, tanto quello esteriore quanto quello interiore, non ci sono solo sviluppi lineari. Spesso dobbiamo prendere delle deviazioni. Non di rado ci sentiamo risospinti al punto d'inizio, così come se fosse stato tutto inutile. È come se dovessimo ricominciare da capo. I labirinti delle chiese medioevali hanno rappresentato visivamente quest'esperienza, rendendola concretamente percettibile come simbolo per il nostro cammino esistenziale. Questi labirinti, se li percorro attentamente, mi indicano qualcosa di me stesso: ci sono punti di svolta in cui ritorno solo apparentemente al punto di partenza. In realtà è un modo di procedere a spirale. Girandomi vengo condotto a un punto a partire dal quale vivo una svolta, sicché poi posso proseguire con forze nuove verso il centro, la meta autentica.

Girarsi, dare una svolta alla vita finita su un binario morto è qualcosa che apre una nuova prospettiva. Trasforma le persone. La strada apparentemente sbagliata diventa così condizione necessaria a una vera trasformazione. Quelli che sembrano passi a ritroso hanno un effetto positivo, si dimostrano esperienze salutari.

Maturazione e trasformazione. La psicologia ha descritto l'esistenza umana come un continuo susseguirsi di crisi di maturazione e di trasformazione. C'è la crisi della nascita, quella della pubertà, della mezza età, della pensione, dell'invecchiamento e della fine della vita. Queste crisi fanno parte del processo di crescita dell'esistenza. Accanto a esse esistono crisi che ci colpiscono dall'esterno: le crisi provocate dalle catastrofi naturali, dagli incidenti, dalla guerra, dalla disoccupazione, dalla morte di una persona cara. E ci sono le crisi catartiche, le crisi morali della conversione, del rinnovamento e della trasformazione.

Nella crisi veniamo sottoposti a una crescente pressione psichica e cerchiamo vie d'uscita dalla situazione spiacevole. Quando superiamo la crisi, abbiamo compiuto un autentico passo di maturazione. Ma esistono anche forme di compensazione inadeguate, attraverso le quali certe persone si salvano all'ultimo momento... Chi vuole stare vicino a qualcuno durante una crisi, dovrebbe chiedersi come sia possibile ridurre la pressione che l'ha scatenata, quali sforzi si possono richiedere alla persona colpita e quali strategie per il superamento della crisi essa abbia a disposizione. L'uno conosce sentieri spirituali per rielaborare la sua crisi, l'altro cerca aiuto presso un medico o un terapeuta, e un terzo invece si avvale delle risorse che si trovano dentro di lui. La crisi è in ogni caso una sfida per il singolo individuo, che questi deve affrontare. [...]

La vita è rischio. «Una nave che rimane in porto è sicura, ma non per questo si costruiscono navi» (William Shed). Il bisogno di sicurezza è, secondo lo psicologo Abraham Maslow, una delle motivazioni principali degli sforzi umani. L'essere umano cerca un posto di lavoro sicuro. Vorrebbe avere delle garanzie contro i pericoli. Parla con la sua assicurazione per essere, se possibile, immune da ogni rischio. Le assicurazioni guadagnano un patrimonio con le ansie di sicurezza della gente. La sicurezza dà tranquillità. Ma si usa dire anche che qualcosa è «sicuro come la morte»: in questa espressione si cela l'esperienza che la sicurezza esagerata può anche portare la morte, che essa uccide la vita. C'è tanta sicurezza che niente può più fluire, crescere, svilupparsi. Se ogni rischio viene escluso, non può più nascere niente di nuovo. Se voglio unicamente sicurezza, devo rimanere chiuso in casa. Il traffico infatti è un rischio alla sicurezza. Sul posto di lavoro può capitare un incidente. Ma anche in casa non sono al sicuro: anche lì infatti può colpirmi un *ictus* o un infarto. Non esiste sicurezza assoluta. Come le navi, anche l'uomo non è fatto per rimanere sicuro in porto. Deve esplorare la vastità dell'esistenza, osare vivere. Altrimenti manca l'aria. Chi vuole vivere sa quanto la vita sia pericolosa, non solo per i pericoli esterni. Chi si avventura in una relazione non è mai sicuro che essa durerà. Chi percorre il sentiero per diventare se stesso, sperimenta in quale pericolosa avventura si sia imbarcato. Deve passare attraverso gli abissi della propria anima, attraverso l'oscurità e l'abbandono, attraverso la solitudine e l'angoscia. [...]

Trasforma le tue ferite. Ognuno di noi, nella storia della propria vita, è stato ferito. La mia esperienza è però che oggi molte persone pensino sempre alle proprie piaghe. C'è la smania di scoprire tutte le offese subite nell'infanzia, per poterle poi rielaborare. Dietro questa tendenza si nasconde l'idea della perfezione e del rendimento. Riteniamo di dover ammortizzare tutte le ferite, di dover raschiare via tutto ciò che ci rende infelici. Ma questa strada porta a un vicolo cieco. La strada autentica consiste nel riconciliarci con le nostre ferite. Per Ildegarda di Bingen l'arte di diventare se stessi consiste nel trasformare in perle le nostre lacrime. Come è possibile?

La 'trasformazione delle lacrime in perle' consiste da una parte nell'intendere queste lacrime come qualcosa di prezioso. Là dove sono stato ferito sono anche sensibile verso gli altri. Li capisco meglio. Ancora di più: dove sono stato ferito vengo a contatto con il mio cuore, con la mia natura autentica. Rinuncio all'illusione di essere del tutto forte, sano e perfetto. Mi rendo conto della mia fragilità. Ciò mi mantiene vivo e mi rende più umano, più misericordioso, più mite. Nel punto in cui sono ferito si trova anche il mio tesoro. Lì vengo a contatto con il mio vero io e con la mia vocazione. Lì, inoltre, scopro le mie capacità. [...]

La 'trasformazione delle lacrime in perle', tuttavia, significa per me anche qualcos'altro. Le ferite sono per me il luogo autentico dell'esperienza del divino. In che senso? Prendo come esempio la mia paura. Se lotto contro la paura ne verrò sempre perseguitato. Se davanti a Dio instauro un dialogo con la paura e la ammetto, quando le chiedo che cosa temo precisamente, qual è il suo vero nucleo, vado sempre più a fondo di essa. E al fondo della paura posso vivere una profonda pace interiore. Al fondo della mia paura posso fare l'esperienza di Dio come colui che mi accoglie con la mia paura. Io e la paura siamo nelle sue buone mani.

Oppure prendiamo l'esempio della mia suscettibilità: la ammetto. Nonostante il mio cammino spirituale continuo a essere suscettibile alle critiche, ai rifiuti, all'essere ignorato. Se mi riconcilio con questo, la mia suscettibilità mi porta sempre più in giù nel mio cuore ferito, che anela all'amore, all'accettazione incondizionata. Allora, al fondo del mio cuore ferito, intuisco la presenza di Qualcuno che tiene la sua mano paterna e materna su di me, che mi sfiora delicatamente e mi dice: «Io sono con te. Non devi essere forte come vorresti. Va bene così come sei. Mi sei caro proprio per la persona che sei. Ti amo proprio così».

T*utto è dono.* Non possiamo fondare nulla su quanto abbiamo raggiunto, né sul successo, né sul possesso materiale, né sulla nostra famiglia, né sulla salute. Tutto è dono. Tutto può esserci tolto.

Ogni crisi ci sprona a smettere di attaccarci alle condizioni esterne, a staccarci da tutto ciò che possediamo. Se ci identifichiamo con i nostri beni o con la salute, ci diamo per persi quando vengono meno i beni o la salute. Allora non siamo più nulla. Già prima della crisi dobbiamo esercitarci nella libertà interiore. Allora la crisi non ci annienterà, ma ci condurrà al luogo dove siamo davvero a casa, dove siamo interamente noi stessi, in cui nessuno può ferirci, in cui nessuno può più danneggiarci.

Giovanni Crisostomo dice in una predica: niente può ferirti tranne tu stesso. Se hai in Dio il tuo fondamento, può succedere quello che vuole. Non danneggerà il tuo vero io. Crisostomo adduce a prova la parabola della casa edificata sulla roccia. Le tempeste possono scuoterla e le piene sommergerla, ma non riescono a farla cadere.

U*na strada verso la profondità.* Oggi molti soffrono di depressione. E molti vedono già in sentimenti malinconici una malattia da combattere e di cui liberarsi il più in fretta possibile. Ma in questo modo si sbarrano la strada verso la profondità del loro io. Non sta a noi scegliere di essere portati alla depressione o meno. Ma quando tendo alla depressione, persino la mia strada verso il Signore non gira alla larga da essa, bensì la attraversa. La depressione mi strappa l'illusione del mio *ego* che io sia sempre di buon umore, che io sia capace di vedere tutto in modo positivo, che io tenga in pugno la mia esistenza. In me c'è un punto dolente, un tallone d'Achille. Non devo coprirlo e corazzarlo. Proprio esso è la porta d'ingresso di Dio. Proprio lì posso fare l'esperienza di lui. E quando ne faccio l'esperienza, quando, insieme alle mie ferite, divento una cosa sola con Dio, questa esperienza di unione è allo stesso tempo esperienza di salvezza. [...]

La vera salvezza dell'essere umano consiste per me in questa esperienza profonda. Non possiamo suscitarla a forza. Possiamo però prepararci a essa. Dio torna comunque sempre a manifestarsi in modo sorprendente. Dobbiamo solo aspettarlo e possiamo confidare nel fatto che si manifesti proprio a noi, quand'anche stiamo ancora soffrendo tanto a causa di noi stessi e della nostra situazione. Quando facciamo l'esperienza del divino siamo una cosa sola. Ma un attimo dopo sperimentiamo di nuovo la sua distanza, ci sentiamo di nuovo lacerati. Siamo costretti a vivere in questa tensione: tra vicinanza e lontananza di Dio, tra salute e malattia, tra luce e buio, tra forza e impotenza, tra amore e vuoto interiore.

(Da *Il libro dell'arte della vita*, 183-197)

18.

Dove c'è vita c'è felicità

«S*e vuoi essere felice, vivi*» (Lev Tolstoj)... Ed è vero: la felicità, così come la gioia, non possono essere perseguite direttamente. Chi vuol essere felice deve dedicarsi alla vita con tutti i suoi alti e bassi. La felicità è espressione di vita compiuta. Se vivo con tutti i sensi, se scelgo di vivere la vita, nella mia energia vitale sperimenterò anche felicità. La felicità non si lascia trattenere, così come non lo fa la vita. La vita scorre sempre in avanti. A volte scorre per valli oscure, a volte diventa una cascata. Anche nel dolore c'è vita.

E così in ognuno può esserci un'intuizione di felicità, nel dolore che mi apre al fratello o alla sorella, nella gioia che condivido con gli altri, nella fatica che prendo su di me per scalare una vetta, nel *relax* quando nuoto nel mare. In ogni luogo dove c'è vera vita c'è anche una traccia di felicità. [...]

«Un cuore lieto fa bene al corpo», dice la Bibbia (*Pr* 17,22). È vero, eppure non serve a niente dire a una persona triste: «Stai su col morale, stai allegro!». Non posso ordinare a una persona di rallegrarsi. Ma è importante rendersi conto che al fondo del cuore di ciascuno di noi la gioia è già a disposizione. Non di rado siamo solo separati da essa. È nostro compito tornare a contatto con la gioia che è in noi.

Esistono mezzi molto concreti che ci aiutano in questo compito: dobbiamo solo ricordarci di che cosa gioivamo da bambini. Oppure percepire le piccole cose della vita quotidiana che sono motivo di gioia: il sorriso della commessa, il bel tempo, l'aria fresca che soffia intorno a noi, la vivacità dei nostri bambini. Per l'essere umano la capacità di rallegrarsi e di dare spazio alla gioia nel suo cuore è necessaria alla vita. I medici hanno constatato che la gioia non fa bene solo all'anima, ma anche al corpo: può essere la condizione per cui le malattie compaiano più di rado e guariscano più rapidamente. [...]

«Un'unica gioia scaccia cento afflizioni» (proverbio cinese). La gioia è come una luce che

viene accesa nell'oscurità. Anche se la candela è piccolissima, scaccia il buio di una stanza. La stanza ottiene una nuova atmosfera. La piccola luce rifulge in mezzo alle tenebre e le scaccia. La candela non rischiara la stanza a tal punto che si riesca a leggere. Ma una stanza in cui brucia una candela non è più buia. Allo stesso modo – afferma un proverbio cinese – una piccola gioia può scacciare l'atmosfera perturbata che grava sull'animo dell'uomo.

La gioia rischiara l'atmosfera cupa. È come un cuneo che viene piantato nei muri dell'afflizione. Il cuneo spezza in due i muri, creando una breccia attraverso la quale la vita può tornare a penetrare nell'essere umano.

Tentazioni. È come nella storia della palma: un uomo malvagio si irritò vedendo una palma giovane e rigogliosa. Per nuocerle, le mise sulla chioma una grossa pietra. Ma quando, dopo anni, ripassò da quelle parti, la palma era diventata più grande e più bella di tutte quelle intorno a lei. La pietra l'aveva obbligata a espandere le sue radici più in profondità nel terreno. E in questo modo poté anche crescere di più verso l'alto. La pietra si trasformò per lei in una sfida. [...]

Anche oggi ci si pone la domanda di quale valore ci importi di più: correttezza o vitalità? Colui per cui conta soprattutto essere corretto, per paura di ogni sorta di errori passerà a fianco alla vita senza viverla. La sua vita si atrofizzerà. Sarà sì corretto, ma non vivo e aperto.

Aspettarsi la tentazione, nella certezza che la tentazione fa parte della nostra esistenza, ci rende più umani o, come dicevano i monaci, più umili. Ci mostra che veniamo sempre attaccati, che non possiamo mai dire di essere al di sopra di ogni tentazione... Chi afferma che non tradirebbe mai sua moglie o la sua fidanzata non ha ancora incontrato il proprio cuore. Fare i conti con la tentazione ci rende vigilanti. [...]

Vivi in modo autentico. Non dovremmo ascoltare solo i nostri pensieri e sentimenti, i nostri bisogni e le nostre passioni, ma anche i nostri sogni e il nostro corpo. I nostri sogni spesso ci conducono sulla strada giusta per la nostra anima: ci fanno notare i pericoli e ci ammoniscono a compiere ciò che si accorda alla nostra realtà interiore; scoprono le nostre malattie e ci forniscono allo stesso tempo il rimedio capace di guarirle.

E dovremmo ascoltare il nostro corpo. [...] Il corpo è spesso più sincero della nostra ragione, che sovente non riesce a pensare in modo chiaro perché viene condizionata da premesse inconsce. Se non prestiamo attenzione a pensieri e sentimenti, essi si esprimono nel corpo, affinché non possiamo più ignorarli. Dobbiamo ascoltare il nostro corpo per riconoscere la nostra verità. Dobbiamo dunque essere grati quando il corpo reagisce, quando torna ancora una volta a mostrarci quali siano le nostre condizioni.

La psicologia sa che spesso sono i nostri pensieri e sentimenti a farci ammalare. Se ci autoconvinciamo costantemente che nessuno ci vuole bene e che non siamo buoni a nulla, ciò avrà un effetto paralizzante e morboso sulla nostra psiche e sul nostro corpo. I sentimenti che vengono repressi cercano nel corpo la loro espressione. L'aggressività rimossa si trasferisce nel corpo. Una malattia può rivolgersi in modo aggressivo verso gli altri. Oppure rivolgiamo verso noi stessi l'aggressività e diventiamo depressi. La rabbia rimossa può trasformarsi in ulcera. I bisogni non ammessi vengono spesso vissuti in una malattia, così gli altri devono occuparsi di noi. E il piacere represso conduce non di rado alla malattia. Ciò a cui non consentiamo di esistere si cerca altri modi di espressione. E spesso il corpo si accolla la funzione di vivere pienamente ciò che rimuoviamo e reprimiamo. Ma molti vogliono solo rendere di nuovo funzionale il più in fretta possibile il loro organismo. Chi invece ascolta ogni giorno con sensibilità quello che il corpo gli dice vive meglio e in modo più salutare. [...]

Vita in pienezza. Che cosa significa davvero qualità della vita? E a che cosa ci riferiamo quando parliamo di «vita eterna» o «vita in pienezza»? Ci riferiamo a questo: noi non definiamo noi stessi solo in base al nostro rendimento e al nostro successo, alla salute e alla malattia, al riconoscimento o al rifiuto. E anche se abbiamo dei problemi, noi non siamo i nostri problemi. Abbiamo sì – in modo ricorrente – paura, ma non siamo la nostra paura. In noi c'è una qualità di vita speciale e indistruttibile, di cui nessuno può depredarci: la vita eterna.

La vita eterna la si può sperimentare nella vita quotidiana e nel rapporto giornaliero con gli altri: non sono le aspettative e i giudizi a contare, ma una relazione con la realtà trascendente, che la Bibbia descrive come amore e che ha la forza di trasformare la nostra vita se ci affidiamo a lei. Le immagini bibliche che parlano di una tal vita in pienezza, di una sconfinatezza e una libertà nuove, sono molto concrete e immediatamente comprensibili: si parla per esempio di un nuovo gusto della vita. La nostra vita, che è diventata insapore come l'acqua, la nostra vita, che è diventata dura e fredda come una giara di pietra, che si è arenata in norme rigide come in recipienti vuoti, questa nostra vita diventa vino che rallegra il cuore dell'uomo. [...]

«Vita in pienezza» significa anche poter venire a contatto con la sorgente interiore dalla quale non di rado siamo separati dalle nostre preoccupazioni e dai nostri problemi. La strada verso questa vita ci porta alla Terra promessa, in cui ci è consentito essere interamente noi stessi, in cui sperimentiamo l'immagine unica che Dio si è fatto di ognuno di noi. [...]

«Vita in pienezza» è guardare attraverso l'essenziale, vedere l'essenziale. Ciò comprende senz'altro che io veda con occhi nuovi la sporcizia che c'è in me e che riesca ad accettarla. Possiamo offrire tutto a Dio, affinché egli lo trasformi in pienezza di vita. Se attraverso la vita con occhi nuovi, sperimenterò in mezzo alla banalità del quotidiano la vita in pienezza come qualcosa che non può venire annientato dalla morte. È la vita dell'amore dal quale non verremo esclusi nemmeno nella morte. [...]

«Niente è importante come il giorno che stiamo vivendo» (Johann Wolfgang von Goethe). [...] Il giorno che stiamo vivendo è importante: Gesù mi esorta ad abbandonare le preoccupazioni per il domani. Conta solo l'oggi. È a esso che devo dedicarmi: «Non affannatevi dunque per il domani, perché il domani avrà già le sue inquietudini» (Mt 6,34). Le preoccupazioni per il domani pesano sul giorno di oggi. È sufficiente dedicarmi all'oggi. Oggi si decide se vivo o no, se sono presente o no, se vado incontro a questa persona o no, se colgo qualcosa o no. Gestire bene l'oggi è già una sfida sufficiente per la vita.

Ognuno è l'autore del suo libro dell'arte di vivere.

(Da *Il libro della vita*, 237-259)

19.

Raccogliere e seminare

«Non *giudicare un giorno in base al raccolto che hai messo al coperto la sera, ma in base ai semi che hai seminato*» (Robert Louis Stevenson).

Non tutti i giorni sono giorni di raccolto. Il contadino raccoglie in estate e in autunno e non già in primavera. Se alla sera ripenso alla mia giornata, per me non è importante quanti successi io possa dimostrare. Conta invece aver vissuto in modo consapevole. Se un dialogo è riuscito, se ho risollevato una persona prostrata, se sono stato completamente assorbito in ciò che ho fatto, allora ne sono grato. Ma so che il dialogo non ha portato a un risultato definitivo, che la persona risollevata tornerà a prostrarsi non appena arriverà la prossima crisi. Non è un raccolto che posso riporre nel granaio. È un seme che ho seminato. Sono già grato di aver lasciato in questo mondo la mia personalissima impronta.

E questo avviene ogni volta che sono interamente assorbito in ciò che dico e che faccio, quando sono presente nell'incontro, quando percepisco la vita per come è. Ogni cosa che avviene consapevolmente lascia delle tracce. E in queste tracce viene seminato un seme che prima o poi sboccerà nel cuore delle persone che ho incontrato, con cui ho parlato, per cui ho lavorato e mi sono impegnato. E ho fiducia nel fatto che le parole che ho scritto oggi, se mi sono venute dal cuore, toccheranno anche i cuori di altri, diventando un granello che prima o poi giungerà a maturazione nei cuori dei lettori e delle lettrici.

(Da *Il libro dell'arte della vita*, 109)

20.

Amore e gelosia

Alcuni credono che del vero amore faccia parte anche una forte gelosia, ma la gelosia è sempre un segno che io desidero possedere la persona amata solamente per me. A volte questa gelosia può essere fonte di malattia. Un uomo tratta la moglie come fosse una prigioniera. Deve esistere solamente per lui. Non può uscire di casa. Altrimenti lui diventa subito geloso. La gelosia può diventare così forte da uccidere la persona amata. È il paradosso: l'amore, che propriamente dona vita, può anche uccidere. Un amore che vuole possedere, che controlla e domina l'altro, lo uccide, anche se non fisicamente. In questa prigionia fatta di controllo e potere, però, non si riesce più a vivere.

Molti soffrono per la propria gelosia. Vorrebbero liberarsene, vorrebbero dare libertà alla propria compagna o al proprio compagno.

La volontà da sola, tuttavia, non riesce a superare la gelosia. Senza volerlo essa prende nuovamente piede. In questo caso non serve a niente rimproverare l'altro. Spesso la gelosia rimanda ad esperienze di perdita, a vissuti nei quali la fiducia è stata maltrattata o tradita. [...]

Che l'amore possa ferire e uccidere, lo mostrano i molti resoconti di violenza sessuale nel matrimonio e di abuso sessuale sui bambini. Qui non si tratta propriamente di amore, ma di un istinto che si rende autonomo, che deve essere semplicemente soddisfatto poiché si tratta di persone incapaci di amarne realmente un'altra. Qui gli altri sono usati come oggetti per poter sfogare la propria sessualità. La sessualità, però, non ha qui più niente a che fare con l'amore. È un istinto così violento che domina completamente la persona. L'amore si esprime nella sessualità e può raggiungere il suo culmine proprio nella donazione sessuale. Quando, però, la sessualità si separa dall'amore, allora diventa una belva crudele che aggredisce e uccide l'altro, senza rispetto per la dignità altrui; la persona si trasforma allora in un lupo feroce. In nessun altro ambito si infliggono ferite così numerose e così profonde come nella sessualità. Ciò non avviene soltanto nell'abuso di bambini, che li danneggia per tutta la vita. Anche in molti matrimoni le donne sono violentate.

Molti uomini considerano la donna come una proprietà. Credono di avere diritto ad avere con lei rapporti sessuali. Trascurano la tenerezza, con la quale potrebbero avvicinarsi alla donna con gradualità, e si limitano all'atto sessuale. Non si domandano se anche la donna senta il bisogno di avere rapporti sessuali con l'uomo. Usano la donna per sé, per soddisfare il proprio istinto o per rilassarsi. Molte donne accettano semplicemente di subire l'atto sessuale, ma questo non fa loro bene. Perdono in questo la propria dignità. Infatti, dove sono vulnerabili al più alto grado, nell'intimo della sessualità, lì uno le calpesta, senza fare il minimo sforzo di considerarle seriamente come persone.

In tutti questi drammi dell'amore e in tutte le perversioni della sessualità, delle quali ci parla la letteratura profana, si trova un profondo desiderio di amore. Invece di lamentarci dell'amore imperfetto, che troppo spesso sa di amarezza, di paura, di costrizione, di violenza e di morte, dobbiamo piuttosto, con Thomas

Merton, credere «che possiamo imparare nel conflitto e nell'autocontraddizione di un falso amore la nostra strada verso il vero amore». Merton intende dire che reprimeremmo l'amore, se reprimessimo le sue forze negative, come l'odio, la bramosia e la gelosia. Anche in queste forze 'cattive' dovremmo scoprire l'amore che vi si trova. Solamente in questo modo esso può trasformarsi e fare spazio al vero amore.

Ogni persona ha una propria esperienza di amore. Ognuno ha amato ed è stato amato almeno una volta. E ognuno ha, quindi, sperimentato il miracolo dell'amore, ma abbastanza spesso anche il fallimento, i grovigli dentro i quali l'amore può condurre. Certamente l'amore è una delle forze maggiori nell'essere umano, per lo meno è una forza alla quale nessuno può sfuggire.

In tutte le esperienze di amore riuscito o fallito l'essere umano cerca il vero amore, quell'amore che non ferisce e non distrugge, ma dona vita e costruisce, che non controlla e non limita, ma lascia liberi e dischiude uno spazio di vita. In fondo cerca l'amore di Dio, che lo faccia vivere veramente nella libertà. Cerca di essere amato incondizionatamente in tutto quanto egli è, ma questo ovviamente un altro essere umano lo può fare solo in modo parziale.

L'amore incondizionato ed assoluto è una caratteristica di Dio. Tutto quanto l'essere umano realizza nell'amore dipende sempre da certe condizioni ed è relativo. Thomas Merton è di questo parere: «Finché noi siamo solamente esseri umani deboli, che vivono sulla terra e nel tempo, il nostro amore è lacerato dall'autocontraddizione. Rifiuta e nega se stesso. Solamente l'amore di Dio è totalmente puro». Questo amore puro è quanto cerca chiunque ha sperimentato sul proprio corpo i grovigli dell'amore.

(Da *Abitare nella casa dell'amore*, 37-41)

21.

La forza risanatrice dell'amore

Alcune persone che vengono sopraffatte dall'amore lo esprimono attraverso la frase: «Sono malato d'amore». L'amore può scombussolare il corpo in modo simile a una malattia. Ma soltanto l'amore non ricambiato fa ammalare. Se due persone si amano, il loro amore possiede una forza risanatrice.

Che l'amore umano ci guarisca è qualcosa che la maggior parte delle persone può comprendere benissimo. Ma come può guarirci l'esperienza dell'amore di Dio? Per me esiste parimenti la guarigione delle nostre ferite attraverso l'esperienza dell'amore divino. L'amore divino è un libero dono della grazia, esattamente come l'esperienza dell'amore umano.

Non possiamo comprare l'amore di un'altra persona, possiamo soltanto attenderlo, finché ci viene donato. Lo stesso avviene con l'amore di Dio. Non possiamo ottenerlo a forza né con la preghiera, né con la meditazione, né rinunciando, né godendo. Ma possiamo aprirci a quest'amore. Perché esiste già. Ci avvolge in ogni cosa, nel fiore che profuma e negli uccelli che cantano. Dobbiamo soltanto percepire l'amore di Dio. Ma sentirlo non dipende soltanto dal nostro rapporto attento con le cose. In fin dei conti è anch'esso un dono che possiamo attendere. Allora è in grado di guarirci esattamente come l'amore umano.

Soltanto quando ci volgiamo verso l'interno, scoprendo dentro di noi Dio sotto forma d'amore, diventiamo quello che realmente siamo: persone create a immagine e somiglianza di Dio, che non sono nient'altro che amore.

La sostanza autentica del nostro essere è l'amore. E solo quando apriamo gli occhi su questa profondissima realtà raggiungiamo realmente la nostra umanità. Allora non siamo più condizionati dalle nostre ferite e offese, ma dall'amore che trasforma le nostre piaghe, che le tramuta in una richiesta d'amore. Soltanto quando scopriamo l'amore divino sul fondo della nostra anima, smettiamo di cercare nel mondo esterno, affannati e pieni di bramosia, la soddisfazione dei nostri desideri.

La guarigione è possibile quando facciamo l'esperienza dell'amore, quando altre persone ci amano incondizionatamente e quando riconosciamo l'amore infinito di Dio nell'amore umano. Ma l'amore di Dio non dipende dall'amore umano. È anche presente nel nostro cuore. Per questo non abbiamo bisogno di guardarci continuamente intorno per trovare persone che ci amino.

La mia fede nell'amore di Dio è soltanto una pia apparenza o è, invece, in grado di trasformare le mie ferite? La fede nell'amore di Dio non è un rimedio miracoloso che è efficace su ogni ferita. Per me la fede nell'amore incondizionato di Dio è un aiuto per affrontare senza paura le mie ferite. L'amore di Dio è per me un'atmosfera risanatrice in cui posso sfasciare le mie piaghe in modo che il respiro risanatore di Dio soffi su di esse.

Lo scopo delle mie piaghe è proprio quello di condurmi all'amore di Dio. Mi mostrano che dipendo dalla grazia e dall'amore di Dio, che non sono in grado di guarirmi da solo. La piaga può aprirmi all'amore di Dio. Nella ferita aperta può riversarsi l'amore di Dio. Allora, nonostante tutto, nella piaga sento improvvisamente una profonda pace interiore. La piaga non smette di farmi male. Ma non ci rigiro più il coltello. Nella ferita sento il mio essere accettato e amato da Dio. Ciò tramuta il dolore del ferito nel dolore dell'amato, che è più facile da sopportare. La piaga diventa il luogo dell'esperienza di Dio. [...].

Il rapporto attento e scrupoloso con ogni cosa può comunicarmi che mi imbatto ovunque nell'amore di Dio, che tocco ovunque l'amore di Dio per me. Ciò mi cambierà la vita. Smetterò di lamentarmi che nessuno mi ama, che desidero tanto un po' di intimità, ma non ne faccio l'esperienza perché a nessuno importa di me, perché nessuno mi considera degno di essere amato. L'amore mi circonda. Devo soltanto afferrarlo.

(Da *Apri il tuo cuore all'amore*, 41-46)

22.

I confini impediscono le liti

La demarcazione dei confini è un antico tema dell'umanità e anche nella Bibbia lo troviamo in una posizione centrale. Nella storia d'Israele si riflette la storia dell'umanità e la storia d'Israele ha inizio con Abramo.

Abramo sente l'appello di Dio di uscire dalla sua patria e dalla sua casa paterna per andare nel paese che egli gli voleva mostrare. I confini della sua patria gli sono diventati troppo angusti e Dio gli ordina di uscire fuori dallo spazio limitato in cui è vissuto fino a quel momento. [...]

L'equilibrio fra vicinanza e distanza. In tutte le famiglie può accadere una cosa del genere... Sul cammino della nostra vita abbiamo bisogno, da principio, della vicinanza dei genitori e della famiglia, ma poi viene il momento in cui tutto ciò diventa troppo angusto e allora è meglio separarsi amichevolmente. Nel mio cammino della vita devo conquistare il mio territorio personale e andare nel paese che Dio mi ha destinato. Il rapporto tra vicinanza e distanza allora deve essere regolato in modo nuovo affinché noi riusciamo a vivere bene e a lungo. [...]

Al di là del paradiso. In colloqui con persone che soffrono del problema di una corretta definizione dei confini, si sente dire qualche volta: «Ma se ci capiamo tanto bene!». Se una persona costruisce troppo sulla comprensione reciproca, in realtà le può succedere spesso di non vedere i confini di cui ha bisogno per capirsi bene con l'altro. Quando si sta sempre insieme, è allora che nascono dei problemi, e questa è una cosa che vale anche per il matrimonio.

Anche lì, ciascuno dei due, il marito e la moglie, ha bisogno di un proprio spazio in cui poter essere per se stesso. Le donne raccontano spesso che dei problemi sono sorti dacché il marito è andato in pensione, e sta fisso in casa. Prima si capivano bene; lo stare insieme era limitato alla mattina presto, la sera e il fine settimana, e all'interno di questi limiti c'era armonia. Ma adesso che l'uomo sta fisso intorno alla moglie, per la donna questa vicinanza diventa all'improvviso di troppo, e lei diventa aggressiva. Le aggressioni sono il segno del fatto che lei ha bisogno di una maggiore distanza. La donna avverte che neppure per il marito è bene restarsene sempre in casa; anche dopo il pensionamento lui ha bisogno di un suo spazio personale in cui potersi impegnare in qualcosa o praticare i suoi *hobby*. [...]

Hans Jellouschek, un terapeuta della coppia, vede come causa di molti problemi coniugali l'eccessiva vicinanza dei *partner*, i quali pensano di dover vivere sempre un amore fusionale. Ma i *partner* che vogliono vivere in questa maniera non troveranno mai il proprio Sé personale, e la conseguenza sarà che a un dato momento soffriranno a causa di un eccesso di vicinanza. Non riusciranno più a godere la sessualità, svilupperanno sintomi psicosomatici e non faranno altro che litigare. Un matrimonio riesce soltanto quando diventa una convivenza equilibrata fra vicinanza e distanza.

Molte coppie di coniugi, che si lamentano perché il rapporto è perennemente conflittuale, non capiscono che cosa intenda il terapeuta quando dice loro: «Voi state troppo insieme!». Spesso essi credono proprio che il loro continuo litigare sia piuttosto espressione di un'eccessiva distanza. Ma per Jellouschek è assodato che «il litigio è esattamente una forma di aggrapparsi reciproco». Egli consiglia perciò alle coppie di crearsi sufficienti spazi di libertà, per esempio un proprio spazio nell'abitazione oppure un giorno 'libero' alla settimana, da gestire personalmente e per se stessi.

Di fronte a un consiglio simile alcuni si spaventano e pensano che questo sia il primo passo verso la separazione, e invece è il contrario: potranno restare insieme a lungo solo a patto di assicurarsi i propri confini personali. Una fusione duratura non esiste. Per dirla con la Bibbia: l'angelo ci impedisce definitivamente l'entrata del paradiso. Nella nostra vita non vi è alcun ritorno nel paradiso di un ininterrotto essere tutt'uno; viviamo in una pendolarità tra vicinanza e distanza, tra unione e separazione. Il paradiso dell'unione definitiva ci attende solo quando, nella morte, diverremo tutt'uno con Dio e con noi stessi e con gli altri. [...]

(Da *Il senso del limite*, 15-23)

23.

Sii grato

O*gni gratitudine è espressione di fiducia.* «Ogni sfiducia porta a non riconoscere mai, nemmeno una volta, un dono come dono – chi infatti potrebbe garantire che non sia solo un'esca, un tentativo di adescamento, una trappola? La gratitudine ha il coraggio di fidarsi e supera quindi la paura» (David Steindl-Rast). Una persona grata – dice David Steindl-Rast – ha un occhio di riguardo per il dono di ogni situazione *data*. Conosce l'opportunità che esiste anche nella peggiore delle situazioni. E coglie questa opportunità. Tutto ciò di cui siamo grati – della vita in primo luogo – ci dà gioia. Steindl-Rast ha ragione: se semplicemente accetto con gratitudine quello che una persona e Dio mi donano quotidianamente, sono in sintonia con me stesso e con il mondo. Allora la mia vita acquista un gusto nuovo e piacevole.

Per me gratitudine è essere d'accordo con la mia vita, essere in sintonia con ciò che sono diventato. E per me è avvertire una profonda pace interiore, riconoscere che tutto è bene così com'è. Al tempo stesso, però, questa gratitudine è improntata anche dall'atteggiamento dell'umiltà. So che non posso trarre alcun vanto da ciò che è accaduto. Le cose avrebbero potuto andare anche diversamente. Dio mi ha fatto sperimentare solo quel tanto di tenebra e di disordine che ero in grado di tollerare. Non mi ha mai fatto richieste e non mi ha mai provato oltre la mia misura. La gratitudine quindi mi custodisce anche dalla superbia e mi preserva dal gloriarmi delle mie prestazioni o delle mie capacità. Io so che tutto questo è un dono, dono di Dio, ma anche un dono degli uomini ai quali devo essere molto grato. Da loro ho imparato a confidare nella vita e a tenere in ogni momento lo sguardo rivolto a Dio.

(Da *Fiducia*, 165s.)

Fonti

I testi sono tratti tutti dai seguenti libri di Anselm Grün, pubblicati presso la Editrice Queriniana:

Abitare nella casa dell'amore, Queriniana, Brescia 2000.

Il matrimonio, Queriniana, Brescia 2001.

Il libro dell'arte della vita, Queriniana, Brescia 2003, 2005[3].

Apri il tuo cuore all'amore, Queriniana, Brescia 2005.

Il senso del limite. Impulsi spirituali per riuscire a incontrarci, Queriniana, Brescia 2006.

Tu sei una benedizione, Queriniana, Brescia 2006.

Fiducia. Rintraccia la tua forza di vita, Queriniana, Brescia 2009.

Indice

La vita

Anselm Grün presso la Queriniana

Collana *COMMENTO SPIRITUALE AI VANGELI*

Gesù, porta della vita. Il Vangelo di Giovanni
3ª edizione – pagg. 196 – ISBN 978-88-399-1271-8

Gesù, immagine dell'uomo. Il Vangelo di Luca
3ª edizione – pagg. 184 – ISBN 978-88-399-1272-5

Gesù, maestro di salvezza. Il Vangelo di Matteo
2ª edizione – pagg. 184 – ISBN 978-88-399-1273-2

Gesù, via alla libertà. Il Vangelo di Marco
2ª edizione – pagg. 180 – ISBN 978-88-399-1274-9

Collana *I SACRAMENTI*

Il battesimo. Celebrazione della vita
6ª edizione – pagg. 96 – ISBN 978-88-399-1261-9

Il matrimonio. Benedizione per una vita insieme
6ª edizione – pagg. 96 – ISBN 978-88-399-1262-6

La cresima. Responsabilità e forza dallo Spirito
5ª edizione – pagg. 84 – ISBN 978-88-399-1263-3

L'eucaristia. Trasformarsi e diventare una cosa sola
6ª edizione – pagg. 108 – ISBN 978-88-399-1264-0

Il sacramento dell'ordine. Vivere da sacerdote
2ª edizione – pagg. 96 – ISBN 978-88-399-1265-7

La confessione. Celebrare la riconciliazione
5ª edizione – pagg. 96 – ISBN 978-88-399-1266-4

L'unzione degli infermi. Consolazione e tenerezza
2ª edizione – pagg. 72 – ISBN 978-88-399-1267-1

Collana *BOOKS*

Leadership con valori
2ª edizione – pagg. 208 – ISBN 978-88-399-2852-8

Ascolta, e la tua anima vivrà. La forza spirituale della musica
pagg. 136 – ISBN 978-88-399-2870-2

Che cos'è l'anima? Il mio mistero – la mia forza
pagg. 192 – ISBN 978-88-399-2871-9

Usare il denaro in modo etico
pagg. 240 – ISBN 978-88-399-2873-3

Chi sei tu, o Dio?
pagg. 272 – ISBN 978-88-399-2875-7

ANSELM GRÜN presso la Queriniana

Collana *ITINERARI BIBLICI*

La vostra gioia sia piena. Il messaggio di Paolo ai cristiani di Filippi
2ª edizione – pagg. 96 – ISBN 978-88-399-2905-1

Paolo e l'esperienza religiosa cristiana
2ª edizione – pagg. 152 – ISBN 978-88-399-2908-2

Collana *SINTESI*

Benedetto da Norcia
pagg. 168 – ISBN 978-88-399-2955-6

Collana *SPIRITUALITÀ*

Come essere in armonia con se stessi
10ª edizione – pagg. 144 – ISBN 978-88-399-1357-9

I rituali della vita. Vie per trovare sicurezza e gioia
4ª edizione – pagg. 180 – ISBN 978-88-399-1370-8

A onore del cielo – come segno per la terra
La maturità umana nella vita religiosa
2ª edizione – pagg. 216 – ISBN 978-88-399-1380-7

Non farti del male
9ª edizione – pagg. 152 – ISBN 978-88-399-1385-2

Ritrovare la propria gioia
5ª edizione – pagg. 176 – ISBN 978-88-399-1390-6

Scoprire la ricchezza della vita
Immagini bibliche per una cura d'anime che guarisce
4ª edizione – pagg. 152 – ISBN 978-88-399-1392-0

Abitare nella casa dell'amore
5ª edizione – pagg. 176 – ISBN 978-88-399-1393-7

La pace del cuore
6ª edizione – pagg. 184 – ISBN 978-88-399-1397-5

Come vincere nelle sconfitte
3ª edizione – pagg. 168 – ISBN 978-88-399-1649-5

Il libro dell'arte della vita
4ª edizione – pagg. 272 – ISBN 978-88-399-1651-8

Il libro del desiderio
2ª edizione – pagg. 224 – ISBN 978-88-399-1654-9

Anselm Grün presso la Queriniana

Spiritualità dal basso
4ª edizione – pagg. 128 – ISBN 978-88-399-1657-0

Redenzione. Il suo significato nella nostra vita
pagg. 184 – ISBN 978-88-399-1658-7

Il senso del limite. Impulsi spirituali per riuscire a incontrarci
2ª edizione – pagg. 224 – ISBN 978-88-399-1662-4

Nella dimensione del tempo dei monaci. Come vivere il tempo
2ª edizione – pagg. 208 – ISBN 978-88-399-1665-5

Le sorgenti della forza interiore
Evitare l'esaurimento – Sfruttare le energie positive
3ª edizione – pagg. 192 – ISBN 978-88-399-1666-2

Che cosa ho fatto per meritare questo?
La giustizia incomprensibile di Dio
3ª edizione – pagg. 168 – ISBN 978-88-399-1667-9

Trasforma la tua angoscia
Una via verso una maggiore vitalità – Impulsi spirituali
2ª edizione – pagg. 192 – ISBN 978-88-399-1668-6

Essere persona umana completa. La forza di una fede matura
2ª edizione – pagg. 168 – ISBN 978-88-399-1670-9

La salute come compito spirituale
2ª edizione – pagg. 136 – ISBN 978-88-399-1673-0

Lo spazio interiore
2ª edizione – pagg. 88 – ISBN 978-88-399-1675-4

Fiducia. Rintraccia la tua forza di vita
2ª edizione – pagg. 192 – ISBN 978-88-399-1677-8

Perché il mondo sia trasformato. Le sette opere di misericordia
pagg. 136 – ISBN 978-88-399-1678-5

Percorsi nella depressione
2ª edizione – pagg. 232 – ISBN 978-88-399-1679-2

Alla ricerca dell'equilibrio interiore
2ª edizione – pagg. 168 – ISBN 978-88-399-1680-8

L'avventura della vita. Guida spirituale per la famiglia
pagg. 256 – ISBN 978-88-399-1681-5

Ritrovarsi nel silenzio. Esperienze monastiche per la vita quotidiana
pagg. 136 – ISBN 978-88-399-1682-2

50 rituali per la vita
pagg. 184 – ISBN 978-88-399-1683-9

La vita è adesso
pagg. 216 – ISBN 978-88-399-1686-0

Anselm Grün presso la Queriniana

La verità ci rende amici. Come i cristiani vogliono vivere insieme domani
pagg. 288 – isbn 978-88-399-1687-7

Confidare nella trasformazione. Come la nostra vita diventa integra
pagg. 136 – isbn 978-88-399-1689-1

Collana *MEDITAZIONI*

Il cielo comincia in te. L'attualità della sapienza dei Padri del deserto
7ª edizione – pagg. 200 – ISBN 978-88-399-1540-5

Arrivederci in cielo
11ª edizione – pagg. 64 – ISBN 978-88-399-1545-0

Natale – celebrare un nuovo inizio. Festa tra i tempi
4ª edizione – pagg. 256 – ISBN 978-88-399-1547-4

50 angeli per accompagnarti durante l'anno
Breve trattato di spiritualità quotidiana
7ª edizione – pagg. 256 – ISBN 978-88-399-1549-8

Se avessi un solo giorno ancora da vivere
5ª edizione – pagg. 64 – ISBN 978-88-399-2233-5

Vivere il Natale
6ª edizione – pagg. 60 – ISBN 978-88-399-2236-6

Gustare la gioia pasquale. 50 provocazioni
3ª edizione – pagg. 208 – ISBN 978-88-399-2237-3

La via della Croce
4ª edizione – pagg. 56 – ISBN 978-88-399-2239-7

Vivere la Pasqua
4ª edizione – pagg. 56 – ISBN 978-88-399-2240-3

Ciascuno cerca il suo angelo
4ª edizione – pagg. 200 – ISBN 978-88-399-2241-0

L'amicizia
4ª edizione – pagg. 48 – ISBN 978-88-399-2243-4

Ti ho chiamato per nome. Per l'onomastico
2ª edizione – pagg. 48 – ISBN 978-88-399-2244-1

50 angeli per l'anima
4ª edizione – pagg. 256 – ISBN 978-88-399-2245-8

La via del deserto. 40 detti dei Padri del deserto
3ª edizione – pagg. 152 – ISBN 978-88-399-2248-9

Nella morte la vita
3ª edizione – pagg. 136 – ISBN 978-88-399-2249-6

Anselm Grün presso la Queriniana

Le feste di Maria come guide di vita. Una prospettiva ecumenica
pagg. 128 – ISBN 978-88-399-2251-9

Terapia dei pensieri
6ª edizione – pagg. 112 – ISBN 978-88-399-2252-6

Scoprire i Santi per la nostra vita
2ª edizione – pagg. 272 – ISBN 978-88-399-2254-0

Il breve libro dell'amicizia
3ª edizione – pagg. 120 – ISBN 978-88-399-2255-7

Prega e lavora. Una regola di vita cristiana
2ª edizione – pagg. 152 – ISBN 978-88-399-2257-1

Apri il tuo cuore all'amore
3ª edizione – pagg. 72 – ISBN 978-88-399-2264-9

Il piccolo libro del piacere di vivere
3ª edizione – pagg. 168 – ISBN 978-88-399-2265-6

A ogni giorno la sua benedizione
Preghiere del mattino e della sera per i sette giorni della settimana
2ª edizione – pagg. 116 – ISBN 978-88-399-2269-4

Tu sei una benedizione
2ª edizione – pagg. 104 – ISBN 978-88-399-2270-0

Ogni giorno un passo verso la felicità
3ª edizione – pagg. 136 – ISBN 978-88-399-2271-7

Il piccolo libro della vita buona
2ª edizione – pagg. 240 – ISBN 978-88-399-2274-8

Non preoccuparti – sii in armonia
2ª edizione – pagg. 136 – ISBN 978-88-399-2281-6

Donami un cuore aperto. Preghiere
pagg. 136 – ISBN 978-88-399-2282-3

Quando ti invoco, rispondimi. Salmi, che accompagnano la mia vita
pagg. 168 – ISBN 978-88-399-2283-0

La meraviglia dell'attimo
2ª edizione – pagg. 64 – ISBN 978-88-399-2284-7

I gesti della preghiera
pagg. 112 – ISBN 978-88-399-2285-4

Sette passi nella vita
Le parole di Gesù sulla croce – aprirsi alla Pasqua
pagg. 160 – ISBN 978-88-399-2287-8

Auguri per un felice matrimonio
pagg. 128 – ISBN 978-88-399-2288-5